© 2021 Helene Roselstorfer & Nathanael-Osirius Woggon

1. Auflage • Unabhängige Veröffentlichung im Selbstverlag

Autoren: Helene Roselstorfer & Nathanael-Osirius Woggon
Covergestaltung & Design: Michelle Kutzner
Das vollständige Impressum befindet sich am Ende dieses Buches.

ISBN: 9798714293887

helenemoves.com • osirius.de

Helene Roselstorfer & Nathanael-Osirius Woggon

ERFOLGREICH MIT

WORDPRESS

SEO

& TECHNISCHE UMSETZUNG

2021

Band 1 - Technik Edition

INHALT

WIE ERREICHE ICH MIT MEINER WEBSITE MEHR KUNDEN?

Vielleicht kennst du eine der folgenden Situationen: Du hast eine WordPress Website, jedoch scheint niemand Interesse daran zu haben. Oder du hast ein Stammpublikum, jedoch ist es schwierig, neue Kunden zu erreichen. Es gibt zwar ein paar Klicks auf deiner Website, aber ansonsten passiert dort nicht viel. Das ist manchmal ganz schön frustrierend.

Weißt du nicht, woran es liegt, dass deine Bemühungen nicht fruchten? Fehlen dir die Ideen, was du noch machen könntest, um mehr potenzielle Kunden auf deine Website zu lenken? Dann bist du hier richtig.

Dieses Buch ist für dich, wenn du als Selbstständiger oder Unternehmer deine WordPress Website technisch optimieren möchtest, um sie für Besucher besser, interessanter und strukturierter zu gestalten.

Auch zeigen wir dir, wie du eine größere Reichweite für Webinhalte mit Hilfe der

Suchmaschinenoptimierung (SEO) erzielen kannst. Denn vielen Selbstständigen und Unternehmen ist nicht klar, mit welchen – meist sogar einfachen – Tricks sich ihre WordPress Website optimieren lässt, damit die Inhalte schneller, besser und leichter im Internet auffindbar sind.

Du lernst hier im Detail, wie du

- die Inhalte deiner Website technisch einwandfrei und strukturiert darstellst.
- deine Informationen mit Hilfe der SEO aufbereitest.
- dies mit so wenig finanziellem Aufwand wie möglich erzielst.

In diesem Buch beschäftigen wir uns konkret mit Websites auf Grundlage von WordPress. Wir beziehen uns dabei auf die aktuellen Versionen von WordPress 5, die auf dem Gutenberg Editor basieren. Zahlreiche Techniken und Methoden lassen sich jedoch auch auf Websites, die mit anderen Systemen erstellt sind, anwenden.

WAS MACHT DIESES BUCH SO WERTVOLL?

In diesem Buch vermitteln wir dir das Grundwissen zur technischen Optimierung für WordPress Websites. Dabei gehen wir auch auf die Basics zur SEO ein. Du lernst, wie du deine bestehende WordPress Website mit einfachen und effektiven Maßnahmen Schritt für Schritt verbesserst.

Am wichtigsten ist uns dabei die Praxis und Alltagstauglichkeit des vermittelten Wissens. Wir teilen unsere über die Jahre gesammelten Best Practices aus der täglichen Arbeit mit Kunden und verraten dir darüber hinaus unsere Geheimtipps. Die Inhalte spiegeln 1:1 unsere Erfahrungen aus dem Unternehmensalltag und der Business-Agenda unserer Kunden wider.

Du erhältst konkrete Vorgaben, die du selbst auf deiner Website umsetzen kannst. Alle vorgestellten Methoden sind ausgiebig recherchiert und von Experten getestet worden.

Wir teilen darüber hinaus auch ein umfangreiches Bonusmaterial mit dir:

- Die Linkliste am Ende des Buches gibt dir einen Überblick über die hilfreichsten Links und Plugins, die auch wir in der Praxis täglich verwenden.
- Zusätzlich findest du am Ende des Buches ein Lexikon mit den wichtigsten Begriffen von A bis Z, damit du Fachausdrücke jederzeit nachschlagen kannst.
- Darüber hinaus haben wir exklusiv eine **Top 7 SEO Checkliste** erstellt, die kostenlos für dich unter **osirius.de/de/erfolgreich-mit-wordpress** zum Download bereitsteht. Sie gibt dir eine perfekte Übersicht über die 7 wichtigsten Praxisschritte auf einen Blick, um eine größere Reichweite deiner Website und mehr Kunden zu erreichen.

Die meisten Informationen aus diesem Buch lassen sich auch im Internet finden. Es stellt sich jedoch oft als sehr zeitintensiv heraus, die korrekten und relevanten Inhalte selbstständig zu recherchieren. Es kann sehr lange dauern, verschiedene Quellen zu vergleichen und im Detail durchzuarbeiten. Darüber hinaus ist es oft schwierig, bei der Flut an Informationen den Überblick zu behalten.

Vielleicht weißt du manchmal auch gar nicht, wonach du eigentlich genau suchen sollst und welche technischen Probleme es auf deiner WordPress Website überhaupt zu lösen gibt.

Diese Arbeit ersparen wir dir mit unserem Buch. Langwieriges Recherchieren ist nicht mehr notwendig, da wir uns auf genau jene Inhalte beschränken, die du wirklich brauchst.

WAS LERNST DU IN DIESEM BUCH?

Wir möchten, dass sich Besucher nicht nur gerne, sondern auch länger auf deiner Website aufhalten und sich mit den Inhalten beschäftigen. Denn informierte Interessenten sind verstärkt dazu bereit, deine Leistungen und Services in Anspruch zu nehmen und Käufe zu tätigen.

Es ist unser gemeinsames Ziel, dass du langfristig mehr Kunden generierst. Wir sprechen hier von qualifizierten Leads. Das sind Kunden, die tatsächlich an deinen Angeboten interessiert sind und deshalb über eine höhere Kaufbereitschaft verfügen.

Wir fokussieren insbesondere auf die technischen Feinheiten von WordPress, um deine Website benutzerfreundlich zu gestalten. Denn nur eine Website, auf der aktuelle und interessante Inhalte strukturiert dargestellt sind und die einfach zu navigieren ist, wird regelmäßig von bestehenden Kunden besucht.

Bei neuen Website-Besuchern ist die Situation noch komplexer. Wirkt deine Website auf den ersten Blick langsam, unübersichtlich oder uninteressant, werden sie deine Website schnell wieder verlassen und sich bevorzugt über andere Quellen informieren. Dies lässt sich vermeiden, indem du für ein optimiertes Benutzererlebnis sorgst. Genau das lernst du in diesem Buch.

Da eine technisch optimierte Website alleine nicht ausreicht, um erfolgreich zu sein, unterstützen wir dich auf weiteren Levels. Es muss auch dafür gesorgt sein, dass die Informationen verbreitet werden und deine Website im Internet schneller, besser und leichter aufgefunden wird.

Neben den technischen Feinheiten vermitteln wir dir hier deshalb auch die Grundlagen der SEO. Wir zeigen dir, wie du deine Website auf Google, Bing, Yahoo oder Ecosia so positionieren kannst, dass potenzielle Neukunden bei einer Internetsuche schneller auf deine Website aufmerksam werden.

Mit SEO streifen wir den großen Bereich des Online Marketing. Neben diesem wichtigen Aspekt gibt es zahlreiche weitere Aktivitäten, um deine Zielgruppe zu erreichen und schneller mehr Kunden zu generieren. Das Bonus-Kapitel 6 gibt dir einen ersten Überblick darüber.

Da Online Marketing für WordPress ein sehr umfangreiches Thema ist, haben wir dazu ein zweites Buch verfasst: "Erfolgreich mit WordPress. Blogs & Online Marketing". Wenn du dich zukünftig genauer mit Online Marketing für WordPress Websites auseinandersetzen und die hier gelernten SEO-Kenntnisse vertiefen möchtest, empfehlen wir dir die Lektüre des zweiten Buches. Für den Start werden dir die hier vermittelten Basics zur SEO jedoch ausgezeichnet weiterhelfen.

Auch wenn wir uns im Verlauf dieses Buches detailliert mit WordPress beschäftigen, so ist unser Buch keine komplette Anleitung dafür. Wir zeigen dir hier Optimierungen, die du auf einer bestehenden Website umsetzen kannst.

Voraussetzung ist deshalb, dass du mit den technischen Grundzügen von WordPress vertraut bist. Im Idealfall hast du bereits eine existierende WordPress Website, die es zu optimieren gilt.

Wir fokussieren in diesem Buch auf praxisorientierte Methoden und geben dir die dafür notwendigen, theoretischen Grundlagen. Der Fokus unseres Buches liegt darauf, was DU SELBST tun kannst, um deine Ziele zu erreichen.

Vieles hängt davon ab, wie viel Zeit, sowie eigene oder fremde Ressourcen du aufwenden kannst und möchtest. Denn darüber musst du dir im Klaren sein: Es braucht Zeit und eine kontinuierliche Weiterentwicklung, um langfristig erfolgreich zu sein und es zu bleiben.

Zeit ist notwendig, um deine Website zu verbessern, relevante Inhalte zu produzieren und um Entwicklungen abzuwarten. Rechne damit, dass es durchaus mehrere Wochen und Monate dauert, bis sich erste Erfolge zeigen. Aus Erfahrung wissen wir, dass sich deine Bemühungen rentieren werden. Voraussetzung dafür ist, dass du deine Mittel effizient und sinnvoll einsetzt.

Jedes Unternehmen ist einzigartig, weshalb sich nicht immer alles 1:1 auf dein Business umsetzen lässt. Zudem gibt es in manchen Bereichen – wie z.B. bei der SEO – regelmäßig Änderungen.

Es tauchen immer wieder neue Möglichkeiten auf, um die verschiedenen Aspekte deiner Website zu verbessern. Unser Buch dient dir als Ideengeber. Du kannst mit den hier vorgestellten Techniken und Methoden experimentieren und dich weiterentwickeln. Wir möchten dich deshalb auch motivieren, kreativ und offen für Neues zu bleiben.

WER SIND DIE AUTOREN?

Nun möchten wir uns bei dir vorstellen. Wir sind Helene und Natha. Darüber hinaus hat uns auch Shelly bei der Erstellung dieses Buches wesentlich unterstützt. Wir haben unterschiedliche berufliche Hintergründe, die sich optimal ergänzen. Darum haben wir unsere Energien gebündelt, um Informationen zu Themen wie SEO, Verbesserungen für WordPress oder zum Aufbau eines Blogs als Marketing-Tool zu teilen.

Es ist unser Ziel, kleinere und mittlere Unternehmen in ihren Bemühungen zu unterstützen, um ihr Business aktiv zu gestalten. Unsere Bücher sollen dich mit Effizienz, Know-How und Praxiswissen auf deinem unternehmerischen Weg begleiten. Es ist uns ein Anliegen, dass wir dir das Business-Leben damit vereinfachen und du schneller Erfolge erzielst.

Helene

Helene Roselstorfer unterstützt Unternehmen bei einem gesunden und ganzheitlichen Wachstum. Mit ihrem Projekt "helene.moves" hat sie das Ziel, neue Ideen umzusetzen und bestehende Prozesse in Unternehmen zu optimieren. Mit ihrem Skill-Set trägt sie dazu bei, dass Gedanken zu realen Produkten, Services und Events heranwachsen, die für Menschen einen Mehrwert schaffen und Projekte langfristig zum Erfolg führen.

Helenes Schwerpunkte liegen auf den Bereichen Marketing, Copywriting, SEO, sowie Projektentwicklung und Event-Management. Zusammen mit Kooperationspartnern erstellt, designt und optimiert sie Websites und bringt Marketingunterlagen auf den neuesten Stand. Sie bietet auch Online Marketing Coachings für Unternehmen und Startups an, wie z.B. zu den Themen SEO oder Newsletter-Gestaltung.

Privat findet man sie in der Natur – sei es sportlich in den Bergen und am Meer oder einfach entspannt im Gras, während sie über das Sein philosophiert. Mehr zu Helenes Aktivitäten findest du auf helenemoves.com.

Natha

Nathanael-Osirius (Natha) Woggon ist Entwickler und Web-Designer für WordPress. Mit seinem Unternehmen ow WebSolutions (ow-websolutions.de) unterstützt er kleine und lokale Unternehmen dabei, ihre Aktivitäten durch einladende Websites und Onlineshops online zu präsentieren. Als Spezialist für WordPress und WooCommerce kennt er viele Kniffe, die es im Bereich Technik und Design für WordPress Websites gibt.

Natha war viele Jahre als virtueller Assistent in unterschiedlichen Geschäftsfeldern tätig. Deshalb hat er heute einen ausgezeichneten Überblick über die verschiedenen Tätigkeitsbereiche von kleinen und mittelständischen Unternehmen, sowie Start-Ups.

Sein aktuellstes Vorhaben ist es, sich im Bereich E-Commerce und Online Marketing fortzubilden. Hierfür arbeitet er an eigenen Online-Shops, um sich so direkt in der Praxis weiterzubilden und so auch gleichzeitig neue Geschäftsfelder zu erschließen. Sein hier erlangtes Wissen nutzt er auch direkt für seine Kunden.

Shelly

Michelle (Shelly) Kutzner ist Online-Designerin und Fotografin. Sie unterstützt vor allem Unternehmen im Bereich "Healthy Lifestyle" mit kreativen Werbekampagnen - sei es konzeptionell oder grafisch. Ein gesunder Mix ist Shelly im Arbeitsleben besonders wichtig. Aus diesem Grund arbeitet sie nicht nur als kreative Freelancerin, sondern auch als Allrounderin in den verschiedensten Bereichen, wie z.B. Online-Werbung, Marketing, Fotografie, Grafik- und Webdesign.

Shelly ist auch Creative Consultant für Startups und co-organisiert das Community-Projekt Offline Adventures mit dem Ziel, Outdoor-begeisterte Menschen zu connecten. Zwei ihrer größten Leidenschaften neben der Fotografie sind Reisen und ortsunabhängiges Arbeiten. Mehr zu Shellys Projekten findest du unter shellygraphy.com.

WIE ERREICHST DU UNS?

Hast du Feedback zu unserem Buch? Fehlt ein wichtiges Thema, das wir in der nächsten Version unbedingt abdecken sollten? Gibt es ein Kapitel, das für dich besonders hilfreich ist? Dann würden wir uns freuen, von dir zu hören. Dein Input ist für uns wichtig, um dich und andere noch besser zu unterstützen.

Fehlt dir die Zeit, um alle in diesem Buch aufgelisteten Schritte selbst umzusetzen? Dann kannst du uns natürlich auch kontaktieren, um gemeinsam an deinem Erfolg zu arbeiten. Wenn du möchtest, bauen und designen wir deine Website oder unterstützen dich dabei. Bei Bedarf füllen wir diese auch regelmäßig mit relevanten Inhalten, Grafiken und Designs.

Wir sind jederzeit für dich da und freuen uns über deine Nachricht unter wissen@osirius.de.

Damit wünschen wir dir viel Spaß, Freude und Erfolg beim Optimieren deiner Website!

1. ERSTE SCHRITTE BEI DER TECHNISCHEN OPTIMIERUNG

Hier lernst du die Voraussetzungen, um deine Website technisch zu optimieren. Um relevante Zusammenhänge zu verstehen, beginnen wir mit einem kurzen Überblick über die Geschichte von WordPress und steigen danach in die Praxis ein.

Das erste Kapitel liefert dir die folgenden Hintergrundinformationen:

- Was ist WordPress?
- Was versteht man unter einem WordPress Theme?
- Welche allgemeinen, technischen Einstellungen lassen sich optimieren?
- Warum sollte eine Website "responsive" sein?

Wenn du die in diesem Kapitel dargelegten Informationen umsetzt, machst du bereits einen ersten Schritt, um das Grundgerüst deiner Website deutlich zu verbessern.

1.1. HINTERGRUNDINFORMATIONEN ZU WORDPRESS

Was ist WordPress und warum eignet es sich für die Erstellung von Websites? Wenn du technische Verbesserungen an deiner Website selbstständig vornehmen möchtest, empfiehlt sich ein kurzer Einblick in die Geschichte dieser Software. Er hilft dabei, Zusammenhänge besser zu erkennen und gibt Aufschluss über den Aufbau von WordPress.

Bei WordPress handelt es sich um eine Software, mit der sich Websites und Blogs erstellen lassen. WordPress sorgt dafür, dass du Webinhalte, wie z.B. Seiten oder Blog-Beiträge ganz einfach verwalten kannst. WordPress zählt damit zur Gruppe der sogenannten Inhaltsverwaltungssysteme, die auch im Deutschen gerne mit dem englischen Begriff "Content Management System" (CMS) bezeichnet werden.

WordPress entwickelte sich Anfang der 2000er Jahre. Anfangs war das System als reine Software zum Bloggen gedacht. Mittlerweile ist WordPress jedoch auch für anspruchsvolle und professionelle Websites, sowie für Online Shops eine ausgezeichnete Lösung. WordPress zeichnet sich insbesondere durch eine hohe Benutzerfreundlichkeit aus.

Die Software lässt sich prinzipiell kostenlos nutzen. Die direkt von WordPress gehostete Version ist zwar kostenfrei, deine Website ist es unter Umständen jedoch nicht. Kosten, die dich erwarten, sind u.a. das Server-Hosting, sowie die Domain deiner Website. Details zum Thema "Was kostet eine WordPress Website?" findest du in folgendem Artikel auf dem Blog von osirius.de:

- osirius.de/de/was-kostet-eine-wordpress-website

Mit Hilfe sogenannter Themes lässt sich das Design und Aussehen deiner Website individuell anpassen. Du kannst dir ein Theme wie den Rohbau eines neuen Hauses vorstellen. Der Rohbau entspricht dabei der Grundstruktur deiner Website. Themes sind auf kostenloser oder bezahlter Basis verfügbar.

Eine WordPress-Installation lässt sich nahezu unbegrenzt mit den unterschiedlichsten Funktionen und Features erweitern. So gibt es für fast alle Anforderungen auch das passende

Plugin – also eine passende Erweiterung. Mit Hilfe von Plugins kannst du z.B. einen Kalender integrieren, deine Website mit Social Media verlinken, einen Online Shop erstellen u.v.m.

Bei WordPress handelt es sich um eine Open Source Software. Das bedeutet, dass jede Person die Software herunterladen, anpassen und so verwenden darf, wie sie möchte. Außerdem hat jeder die Möglichkeit, aktiv an der Software mitzuarbeiten, um diese kontinuierlich zu verbessern.

Heute ist WordPress das am meisten verwendete CMS und mittlerweile ist eine riesige Community dazu entstanden. Eine einfache Online-Suche reicht in der Regel aus, um die Lösung zu einer gewünschten Fragestellung zu erhalten. Oft findest du dafür englische Beiträge, doch auch die deutschsprachige WordPress-Community wächst stetig.

Tipp: Du findest den deutschsprachigen WordPress Support unter de.wordpress.org/support.

1.2. ALLGEMEINE WORDPRESS EINSTELLUNGEN OPTIMIEREN

Der erste Punkt für technische Optimierungen betrifft die Grundeinstellungen von WordPress. Wir empfehlen dir, die folgenden Punkte zu überprüfen und gegebenenfalls upzudaten.

Website aktualisieren

Halte deine Website jederzeit aktuell. Dies bezieht sich nicht nur auf die Inhalte – wie z.B. Texte, Blog-Beiträge oder Bilder – sondern auch auf die Software: also WordPress an sich, sowie alle Plugins, die du in Verwendung hast.

Tipp: Sobald eine neue Version von WordPress verfügbar ist, wirst du im Backend automatisch auf das Update hingewiesen und kannst es installieren.

Einerseits sorgen aktuelle Softwareversionen für eine erhöhte Sicherheit. Auf der anderen Seite ist damit auch garantiert, dass du die neuesten Funktionen nutzen kannst und die Software nach dem aktuellstem Standard funktioniert. Dies sorgt u.a. für eine bessere Ladezeit (siehe Kapitel 4).

Sichtbarkeit für Suchmaschinen

Im nächsten Schritt überprüfst du, ob deine Website in Suchmaschinen wie Google, Bing, Yahoo oder Ecosia registriert ist. Man nennt diesen Prozess auch das Indexieren einer Website.

Ist eine Website indexiert, bedeutet dies, dass sie von Suchmaschinen wahrgenommen und von Internetnutzern z.B. über eine Google-Suche aufgefunden werden kann.

Zur Indexierung gibt es in WordPress eine Einstellung namens "Sichtbarkeit für Suchmaschinen". Diese findest du im Backend in der linken Seitenleiste unter

Einstellungen → Lesen.

Scrolle ganz nach unten, um die entsprechende Einstellung zu sehen. Hier muss das Häkchen bei "Suchmaschinen davon abhalten, diese Website zu indexieren" entfernt sein.

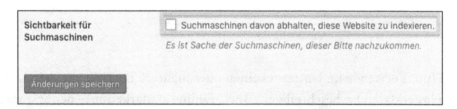

WordPress-Einstellung für die Indexierung einer Website

Tipp: Wenn du eine Website neu erstellst oder sie komplett überarbeitest, sorgst du mit Setzen des Häkchens dafür, dass die unfertige Website vorläufig nicht von den Suchmaschinen wahrgenommen wird. Sobald du die fertige Website live schalten möchtest, entfernst du das Häkchen wieder. Erst dann wird die Website von den Suchmaschinen indexiert.

Untertitel

Hast du eine neue WordPress Installation vorgenommen, sind bestimmte Grundeinstellungen, wie z.B. der Untertitel der Website, automatisch vorhanden. Der Untertitel wird in der Regel mit

"Eine weitere WordPress Website" vorgegeben. Bei manchen Themes ist dieser Satz auch direkt auf der Startseite dargestellt.

Du änderst den Untertitel, indem du einen personalisierten Text eingibst. Füge hier z.B. deinen Slogan ein oder beschreibe in wenigen Worten, worum es auf deiner Website und in deinem Unternehmen geht.

So hebst du dich von der Masse ab und hast eine erste Möglichkeit, um deine Website gegenüber potenziellen Mitbewerbern zu positionieren. Der Untertitel steht u.a. im Quelltext deiner Website und trägt dazu bei, dass deine Website über Suchmaschinen besser auffindbar ist.

Um den Untertitel anzupassen, klickst du im Backend in der linken Seitenleiste auf den Punkt

Einstellungen ➜ Allgemein.

Im Bereich "Untertitel" trägst du nun deinen eigenen Text ein.

Untertitel	Eine weitere WordPress-Website
	Erkläre in ein paar Worten, worum es auf deiner Website geht.

Anpassung des Untertitels im Backend

 Tipp: Verwende im Untertitel einen oder mehrere Begriffe, die dein Unternehmen selbsterklärend beschreiben. Im Online Marketing nennt man solche Schlüsselbegriffe "Keywords". Alle Basics zum Thema "Keywords" sehen wir uns in Kapitel 2 genauer an.

Beispieltexte und Platzhalter entfernen

Damit du dich in WordPress schnell orientierst, werden Beispieltexte und Platzhalter bei der Installation automatisch angelegt. Sie geben dir erste Ideen und zeigen dir auf, welche Möglichkeiten dir unter den verschiedenen Einstellungen zur Verfügung stehen.

Du findest Beispieltexte und Platzhalter an verschiedenen Stellen auf deiner WordPress Website:

Unter "Beiträge" siehst du meist einen Beispiel-Beitrag mit dem Text "Hallo Welt!".

Unter "Seiten" ist in der Regel eine exemplarische Seite angelegt, die bei vielen Themes mit dem Titel "Beispiel-Seite" benannt ist.

Weitere Platzhalter und Beispieltexte findest du z.B. unter "Kommentare".

Entferne diese Platzhalter und Beispieltexte Schritt für Schritt, sofern du sie nicht mehr benötigst und veröffentliche stattdessen eigene Inhalte.

Standard-Plugins löschen

Eine neue WordPress Installation hat in der Regel einige Standard-Plugins automatisch vorinstalliert. Diese verbrauchen unnötigen Speicherplatz und sind nicht immer hilfreich. Deshalb empfehlen wir dir, diese zu löschen.

Du findest die Einstellung "Plugins" in der linken Seitenleiste im Backend-Bereich deiner WordPress Website.

Überblick über Standard-Plugins in den Einstellungen einer WordPress Website

Zum aktuellen Zeitpunkt sind u.a. folgende Plugins bei WordPress standardmäßig hinterlegt:

Hello Dolly: Dabei handelt es sich um eine Art Gag. Das Plugin bringt dir keinen wirklichen Nutzen.

Akismet Anti-Spam: Dieses Plugin dient zur Reduktion von Spam im Kommentarbereich des Blogs. Es ist aktuell nicht mit dem Datenschutzgesetz vereinbar, weshalb du es auf keinen Fall nutzen solltest. Als Alternative empfehlen wir dir das DSGVO-konforme Plugin Antispam Bee.

Die WordPress Standard-Plugins können sich immer wieder ändern, weshalb wir hier keine vollständige Liste wiedergeben. Du findest die Standard-Plugins immer unter dem Punkt "Plugins" im Backend aufgelistet und kannst sie dort löschen. Solltest du zu einem späteren Zeitpunkt doch ein Standard-Plugin von WordPress nutzen wollen, so lässt sich dieses natürlich jederzeit wieder installieren.

Standard-Widgets löschen

Widgets sind kleine, erweiternde Elemente, die du meistens in der Sidebar oder im Footer-Bereich deiner WordPress Website findest. Sie dienen dazu, bestimmte Informationen oder Links in den verschiedenen Bereichen deiner Website anzuzeigen.

Dabei handelt es sich um Features, wie z.B. eine Liste der aktuellsten Blog-Beiträge, eine Auswahl von Produkten, ein Tool zur Newsletter-Registrierung oder eine Suchfunktion, die in der Sidebar oder im Footer dargestellt sind.

Abhängig von deinem Theme und den installierten Plugins stehen dir unterschiedliche Widgets zur Verfügung. Einige davon sind standardmäßig hinterlegt.

Damit du die Website übersichtlich nach deinen Wünschen aufbaust, empfiehlt es sich, die Standard-Widgets zu entfernen. Im Backend findest du die Auflistung der installierten Widgets in der linken Seitenleiste unter

Design ➜ Widgets.

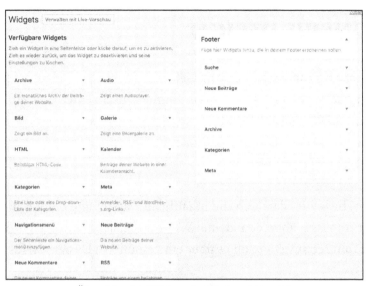

Übersicht für Widgets im Backend-Bereich

Klickst du bei einem der verwendeten Widgets rechts auf den kleinen Pfeil, öffnet sich das entsprechende Menü, unter dem es sich löschen lässt.

Löschung eines Widgets

Widgets unterstützen dich dabei, die Aufmerksamkeit deiner Website-Besucher auf wichtige Informationen zu lenken. Indem du z.B. aktuelle Informationen, Bestseller-Produkte oder die Registrierung zu einem Newsletter über die Sidebar auf allen Seiten darstellst, bleiben diese Informationen immer im Blickwinkel deiner Website-Besucher.

1.3. RESPONSIVE DESIGN

Immer mehr Menschen gehen mit mobilen Geräten – wie z.B. Tablets oder Smartphones – online. Auch Suchmaschinen sind darauf programmiert und achten seit einiger Zeit verstärkt darauf, dass Websites nicht nur auf Desktops, sondern auch auf mobilen Geräten ansprechend dargestellt sind und vor allem richtig funktionieren. Deshalb sollte das Design deiner Website immer "responsive" sein.

"Responsive Design" bedeutet, dass sich die inhaltliche Darstellung deiner Website automatisch an den Bildschirm anpasst, über den deine Website besucht wird. Überprüfe deshalb dein WordPress Theme, um festzustellen, ob es über ein responsive Design verfügt.

Du findest es heraus, indem du deine Website auf verschiedenen Bildschirmformaten aufrufst und überprüfst, ob das Layout entsprechend an den jeweiligen Bildschirm angepasst ist.

Beziehst du ein neues Theme, lässt sich die Information zum responsive Design normalerweise in der Beschreibung des Themes auf der Website, von der du dieses herunterlädst, finden.

Hat deine Website kein responsive Design, wird sie von den Suchmaschinen bei der Indexierung schlechter bewertet. Für den Anfang sei gesagt, dass dies eine negative Auswirkung auf das Auffinden deiner Website in den Suchmaschinen zur Folge hat. Alle weiteren Informationen zur Bewertung durch Suchmaschinen besprechen wir ab Kapitel 2.

 Tipp: Wechsle das Theme, falls du auf deiner Website eine veraltete Version ohne responsive Design verwendest. Dies ist die beste und vor allem rascheste Möglichkeit, um deine Website auf responsive Design umzustellen. Prinzipiell lässt sich das Design auch händisch oder mit Plugins anpassen, jedoch ist dies technisch sehr aufwändig.

1.4. ZUSAMMENFASSUNG DER WICHTIGSTEN LEARNINGS AUS KAPITEL 1

WordPress ist ein Content Management System (CMS), das die Verwaltung und Darstellung von Webinhalten ermöglicht. Es ist aktuell das am häufigsten verwendete System für Websites weltweit.

Mit Hilfe eines WordPress Themes lässt sich das Design und Aussehen einer Website individuell gestalten. Dabei ist zu beachten, dass das von dir gewählte Theme über ein responsive Design verfügt. Dies bedeutet, dass die Darstellung deiner Webinhalte auf unterschiedliche Bildschirmformate angepasst ist.

Du startest die technische Optimierung mit einem Check der WordPress Grundeinstellungen. Überprüfe regelmäßig, dass nicht nur die Inhalte deiner Website, sondern insbesondere auch deine WordPress Version, sowie die installierten Plugins auf dem aktuellsten Stand sind.

Weitere Bereiche, die es zu optimieren gilt, betreffen die Entfernung von Beispieltexten und Platzhaltern, sowie von vorinstallierten Standard-Plugins und -Widgets.

Der vorgegebene WordPress Untertitel sollte ebenfalls geändert werden, indem du einen Kurztext eingibst, der für dein Unternehmen relevante Begriffe beinhaltet. Dies ist gleichzeitig ein erster Schritt für eine Maßnahme im Bereich der SEO, mit der wir uns in den nun folgenden Kapiteln eingehend beschäftigen.

2. SEO UND KEYWORDS

Leider reicht eine aktuelle und ansprechende Website nicht aus, um an potenzielle Interessenten und Neukunden zu gelangen. Denn wie können neue Menschen bei der großen Informationsflut, die im Internet herrscht, deine Website überhaupt finden? Es muss also dafür gesorgt sein, dass Menschen auf deine Angebote aufmerksam werden.

Es gibt eine Vielzahl an Tricks, damit deine Website in Suchmaschinen schneller, besser und einfacher auffindbar wird. In diesem Kapitel zeigen wir dir die Grundlagen und erklären dir, wie SEO funktioniert. Dabei gehen wir auf die folgenden Fragestellungen ein:

- Was ist SEO und was sind Keywords?
- Wie und warum haben Keywords Einfluss auf Suchmaschinen?
- Wie hinterlegt man Keywords und SEO-relevante Informationen auf einer WordPress Website?
- Welche Tipps und Tricks gibt es für SEO in der Praxis?

SEO bietet dir ausgezeichnete Möglichkeiten, um potenzielle Kunden zu erreichen.

2.1. WELCHE VORTEILE HAT SEO?

In diesem Kapitel beschäftigen wir uns mit Suchmaschinenoptimierung (SEO). Die Abkürzung für diesen Begriff stammt aus dem Englischen und steht für "Search Engine Optimization".

Wenn Menschen über Google und andere Suchmaschinen nach Themen und Begriffen suchen, die mit deinem Unternehmen in Verbindung stehen, ist SEO dafür zuständig, dass deine Website bei den Suchergebnissen an einer vorderen Stelle erscheint. Man spricht dann von einem guten "Ranking". Dadurch erhöht sich die Chance, dass eine größere Anzahl an Internetnutzern durch eine Online-Suche auf deine Website gelenkt wird.

Klicken Menschen im Suchergebnis auf deinen Link und werden so auf deine Website übergeleitet, erhöht sich dort der Traffic. Mit diesem Begriff bezeichnet man die Anzahl der Besucher auf einer Website.

Zusammengefasst ist der große Vorteil von SEO, dass mehr Menschen schneller auf dein Unternehmen aufmerksam werden, wenn sie in den Suchmaschinen nach Informationen suchen, die mit deinem Unternehmen in Zusammenhang stehen.

SEO ist jedoch ein komplexes Thema. Denn gibt regelmäßige Änderungen an den Algorithmen der Suchmaschinen, die Einfluss auf deine SEO-Maßnahmen haben. In den darauffolgenden Kapiteln zeigen wir dir deshalb verschiedene Tools, die dir die Arbeit erleichtern und dafür sorgen, dass du immer auf dem aktuellsten Stand bleibst.

Verfolgst du eine clevere SEO-Strategie, erhöhen sich die Chancen bedeutend, dass deine Website von mehr Menschen schneller gefunden wird. Bereits kleine Maßnahmen zeigen oft eine große Wirkung, denn zum aktuellen Zeitpunkt sind es vergleichsweise noch relativ wenige Unternehmen, die SEO gezielt einsetzen.

Unsere **Top 7 SEO Checkliste** gibt dir einen Überblick über die 7 wichtigsten Schritte, die bei der SEO zu berücksichtigen sind. Du kannst sie hier downloaden und ausdrucken: osirius.de/de/erfolgreich-mit-wordpress.

2.2. KEYWORDS

Der Schlüssel zu einer intelligenten SEO-Strategie liegt in den sogenannten "Keywords". Dieser englische Begriff bedeutet übersetzt "Stichwort" oder "Schlüsselbegriff".

Keywords sind Begriffe oder Wörter, die den Inhalt deiner Website beschreiben und nach denen Menschen in den Suchmaschinen suchen.

Wenn Personen im Internet recherchieren, geben sie verschiedene Wörter und Begriffe in das Fenster einer Suchmaschine ein. Diese nennt man in der Online-Marketing-Sprache "Keywords".

Eingabe eines Keywords in Google

Der Trick ist, dass du genau solche Keywords im Backend deiner WordPress Website hinterlegst, die gleichzeitig dein Business beschreiben. Sie sollen sich mit jenen Begriffen decken, nach denen Menschen im Internet suchen. Wie du Keywords im Backend hinterlegst, sehen wir uns in Kapitel 2.5 an.

Google und andere Suchmaschinen untersuchen jede einzelne Seite, jeden Blog-Beitrag und jeden Permalink (siehe Kapitel 3.4) deiner Website. Da jede Seite und jeder Beitrag ein eigenes Ranking erhält, kannst du eine große Anzahl unterschiedlicher Keywords auf deiner Website

2. SEO und Keywords

hinterlegen.

Je mehr Seiten und Blog-Beiträge du SEO-konform auf deiner Website veröffentlichst, umso höher sind auch die Chancen, dass neue Kunden deine Website finden.

Tipp: Überlege dir, nach welchen Begriffen Internetnutzer auf Google suchen könnten. Welche Schlüsselwörter machen dein Business aus? Welche Probleme möchten potenzielle Kunden mit Hilfe deiner Produkte und Services lösen? Was wollen sie online kaufen? Schreibe dir die Keywords in Form einer Liste auf. So kannst du jederzeit darauf zurückkommen, wenn du neue Seiten oder Beiträge auf deiner Website optimierst.

2.3. BEST PRACTICES FÜR EINE KEYWORD-STRATEGIE

SEO funktioniert hauptsächlich über Keywords. Als wichtigste Regel gilt: Verwende jedes Keyword nur ein einziges Mal auf deiner Website. Wenn du mehrere Seiten und Blog-Beiträge auf dasselbe Keyword optimierst, machst du dir in den Suchmaschinen selbst Konkurrenz.

Überlege dir Alternativbegriffe und notiere dir diese. Verwende Synonyme und ähnliche Bezeichnungen für die unterschiedlichen Seiten und Beiträge. Denn verschiedene Internetnutzer suchen mit unterschiedlichen Begriffen nach der gleichen Lösung. Auch so erhöht sich die Wahrscheinlichkeit, dass deine Seite im Internet gefunden wird.

Es steht dir eine Vielzahl an Möglichkeiten offen, um relevante Keywords zu identifizieren. Du kannst sie z.B. über eine eigene Internetrecherche in verschiedenen Suchmaschinen herausfiltern. Zum Auffinden von Synonymen und Unterbegriffen eignen sich auch die Inhaltsverzeichnisse von themenrelevanten Büchern oder Online-Lexika.

Eine weitere Option besteht darin, dass du bei deinen bestehenden Kunden nachfragst, mit welchen Themen und Begriffen sie dein Unternehmen in Verbindung bringen.

Ein Keyword besteht nicht immer nur aus einem einzigen Wort und man unterscheidet zwischen Short-Tail und Long-Tail Keywords. Hat ein Keyword zwischen einem und drei Wörtern, so spricht man von einem Short-Tail Keyword. Ein Long-Tail Keyword ist komplexer und besteht aus mehr als drei Wörtern.

Short-Tail Keywords sind aufgrund der wenigen Wörter einer großen Konkurrenz ausgeliefert, da viele Websites auf dieselben Begriffe optimiert sind. Deshalb ist es schwierig, für einen solchen Begriff ein ausgezeichnetes Suchergebnis zu erzielen. Längere Wörter hingegen werden seltener in Suchmaschinen eingetippt. Dafür ist die Wahrscheinlichkeit hoch, dass deine Website an einer vorderen Stelle im Suchergebnis erscheint, wenn Menschen danach suchen. Auch ist die Kaufkraft solcher Internetnutzer vergleichsweise höher, da sie ganz gezielt nach den Informationen, Leistungen und Produkten Ausschau halten, die du bietest.

 Tipp: Für deine Website empfehlen wir dir grundsätzlich einen Mix aus Short-Tail und Long-Tail Keywords. So gehst du sicher, dass möglichst viele Bereiche und Nischen abgedeckt sind.

Sei experimentierfreudig und probiere verschiedene Varianten auf deiner Website aus. Beachte dabei, dass die Anzahl der Seiten begrenzt sein sollte, da ansonsten die Übersichtlichkeit auf deiner Website verloren geht. Dies erschwert Website-Besuchern auch die Navigation auf deiner Website.

Ein Blog ist deshalb für SEO sehr vorteilhaft. Mit seiner Hilfe lassen sich viele Beiträge publizieren, ohne dass die Struktur deiner Website darunter leidet. Du besetzt eine große Anzahl an Keywords, indem du so viele Blog-Beiträge wie möglich auf unterschiedliche Begriffe optimierst. Dies sorgt kontinuierlich für eine größere Auffindbarkeit und Reichweite deiner Website.

Darüber hinaus belohnen Suchmaschinen Neuigkeiten in Form regelmäßiger und aktueller Blog-Beiträge mit ausgezeichneten Rankings. Denn sie sind so programmiert, dass sie neue Beiträge als Indikator dafür sehen, dass du Kunden und Website-Besucher regelmäßig mit aktuellen Neuigkeiten versorgst. Um schneller ein größeres Publikum zu erreichen, empfehlen wir dir deshalb die Erstellung eines Blogs auf deiner Website.

2.4. SEO METADATEN

Die SEO Metadaten sind ein wichtiger Punkt für deine SEO-Strategie. Sie sind meist der erste Anknüpfungspunkt, den Interessenten und neue Besucher mit deiner Website haben. Bei den SEO Metadaten handelt es sich um jene Informationen, die Suchmaschinen als Ergebnis anzeigen, wenn eine Person im Internet nach etwas sucht.

Google-Suchergebnis mit SEO Metadaten

Die SEO Metadaten setzen sich hauptsächlich aus den drei Bereichen SEO Titel, Permalink und Meta-Beschreibung zusammen.

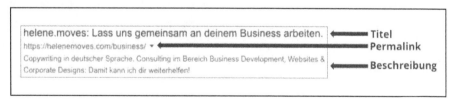

SEO Metadaten bei einem Google-Suchergebnis

Mit den SEO Metadaten nimmst du Einfluss auf die Informationen der Suchergebnisse und steuerst diese. Sind sie korrekt ausgefüllt, wirkt sich dies positiv auf das Ranking deiner Website aus. Denn jeder der drei Bereiche wird von den Suchmaschinen separat berücksichtigt.

Darüber hinaus sind die SEO Metadaten vielen Fällen ausschlaggebend dafür, ob ein Internetnutzer auf deine Website klickt oder nicht. Formuliere sie so, dass sie die Neugierde potenzieller Kunden und Interessenten wecken. Dies erhöht die Wahrscheinlichkeit, dass mehr Menschen im Suchergebnis auf deine Website klicken.

Sehen wir uns die SEO Metadaten im Detail an:

SEO Titel

Der SEO Titel entspricht der Überschrift im Suchergebnis. Er soll das Interesse der Internetnutzer wecken, damit sie auf deine Seite klicken. Für ein optimales Ergebnis verwendest du im SEO Titel unbedingt das Keyword, auf das du die entsprechende Seite oder den Beitrag optimiert hast. Aktuell liegt die maximale Länge für den SEO Titel bei rund 65 Zeichen.

Permalink

Das Suchmaschinenergebnis zeigt immer auch den Permalink der jeweiligen Seite an. Auch dieser sollte das entsprechende Keyword beinhalten. Du kannst den Permalink im Zuge der Eingabe deiner SEO Metadaten (siehe Kapitel 2.5) gegebenenfalls nochmals ändern, falls du das Keyword bei Erstellung des Links bisher nicht berücksichtigt hast. Weitere Details zu Permalinks besprechen wir in Kapitel 3.4.

Meta-Beschreibung

Die Meta-Beschreibung ist ein kurzer Text, der in den Suchergebnissen angezeigt wird. Fasse dabei die Inhalte der jeweiligen Seite oder des Blog-Beitrags kurz und prägnant zusammen. Aktuell sollte die Meta-Beschreibung mindestens ca. 100 Zeichen und maximal ca. 145 Zeichen lang sein. Für ein besseres Ranking verwendest du in diesem Kurztext ebenfalls dein Keyword. Formuliere die Meta-Beschreibung so, dass sie Interesse weckt.

2.5. SEO INFORMATIONEN AUF DER WEBSITE HINTERLEGEN

Wie kannst du die SEO Metadaten auf deiner Website hinterlegen? Für WordPress empfehlen wir dir dafür das Plugin Yoast SEO.

Dabei handelt es sich um ein kostenloses Plugin, das speziell für SEO entwickelt wurde. Es gibt von Yoast SEO auch eine bezahlbare Premium-Version, die zusätzliche Funktionen bietet. Mit der Premium-Version kannst du z.B. mehrere Keywords für eine einzelne Seite hinterlegen. Darüber hinaus liefert sie dir Vorschläge für Verlinkungen oder eine Redirect-Funktion von toten Links.

Die Gratisversion von Yoast ist unseres Erachtens jedoch vollkommen ausreichend, um gute SEO-Ergebnisse zu erzielen.

Ein Vorteil von Yoast SEO ist, dass das Plugin sehr schnell reagiert, falls sich an den Algorithmen der Suchmaschinen etwas ändert.

Sobald du das Plugin installiert hast, siehst du eine Veränderung im Backend-Bereich deiner Website. Wenn du dort auf eine deiner Seiten oder auf einen Beitrag klickst, findest du im unteren Bereich einen speziellen Abschnitt für Yoast SEO. Auch bei der Erstellung von neuen Seiten oder Beiträgen tauchen diese Informationen ab sofort immer auf.

Yoast SEO im WordPress Backend

Unter der Einstellung "Vorschau des Snippets" gibst du die SEO Metadaten ganz einfach und bequem ein, indem du auf "Edit snippet" klickst. Auch der Permalink lässt sich hier ändern. Das für die jeweilige Seite relevante Keyword trägst du unter "Fokus-Keyphrase" ein.

Yoast SEO gibt dir für die Eingabe deiner Keywords und SEO Metadaten sehr detaillierte Anleitungen. So siehst du bei der Einstellung "Fokus-Keyphrase" z.B. einen Punkt, der in der Farbe grün, orange oder rot leuchtet, sobald du das Keyword hinterlegt hast. Der Punkt funktioniert wie die Lichter einer Ampel und zeigt dir an, wie gut dein Beitrag auf das entsprechende Keyword optimiert ist.

Auch bekommst du von Yoast SEO weitere Hilfestellungen in schriftlicher Form. Diese erklären dir, wie du die Seite oder den Beitrag weiter optimieren kannst.

Wichtig ist, dass du dein Keyword wiederholt im Text verwendest, der auf der entsprechenden Seite publiziert wird, sowie in den Überschriften und in den Bildbeschreibungen. Details zu SEO für Texte und Inhalte sehen wir uns in Kapitel 6.3 genauer an. Alle Informationen zu SEO für Bildmaterial findest du in Kapitel 6.4.

Generell ist Yoast SEO sehr umfangreich und bietet auch ergänzende Hilfestellungen außerhalb der SEO. Du kannst z.B. die Lesbarkeit deiner Inhalte überprüfen und feststellen, ob deine Texte schwer oder gut lesbar sind.

 Tipp: Überprüfe deine Eingaben in Yoast SEO regelmäßig. Das Plugin weist dich darauf hin, falls deine Eingaben nicht mehr den aktuellen Vorgaben der Suchmaschinen entsprechen. Wir raten dir alle vier bis sechs Monate zu einem kurzen Check.

Achtung: Hast du ein Keyword, sowie die SEO Metadaten hinterlegt, kann es mehrere Wochen dauern, bis Suchmaschinen diese Änderungen erkennen und indexieren. Unserer Erfahrung nach ist ein Zeitraum von zwei bis acht Wochen Wartezeit nicht ungewöhnlich. Eine Registrierung deiner Website bei den einzelnen Suchmaschinen beschleunigt diesen Prozess (siehe Kapitel 5.2).

2.6. ZUSAMMENFASSUNG DER WICHTIGSTEN LEARNINGS AUS KAPITEL 2

SEO bietet dir ausgezeichnete Möglichkeiten, um potenzielle Neukunden zu erreichen. Das zentrale Element für eine effiziente SEO-Strategie bilden Keywords. Damit bezeichnet man jene Begriffe, die Menschen in Suchmaschinen eintippen, wenn sie im Internet nach etwas suchen.

Wenn du solche Begriffe im Backend deiner WordPress Installation hinterlegst, wird deine Website mit der Zeit schneller, besser und einfacher in den Suchmaschinen auffindbar.

Ein Keyword besteht meist aus mehreren Wörtern. Dabei unterscheidet man zwischen Long-Tail und Short-Tail Keywords.

Wichtig ist, dass du jedes Keyword nur ein einziges Mal auf deiner Website hinterlegst. Verwende Synonyme und Alternativbegriffe, um so möglichst viele Menschen zu erreichen.

Die Anzahl der Seiten, auf denen du Keywords hinterlegen kannst, ist in der Regel begrenzt, da ansonsten die Übersichtlichkeit auf deiner Website verloren geht. Deshalb ist ein Blog für SEO besonders wertvoll, da er es dir ermöglicht, eine beliebige Anzahl an Keywords zu hinterlegen.

Wenn Menschen online nach etwas suchen, erscheint ein Ergebnis in Form von SEO Metadaten. Dieses besteht in der Regel aus SEO Titel, Permalink und Meta-Beschreibung.

Um Keywords im Backend deiner Website zu hinterlegen und die SEO Metadaten auszufüllen, empfehlen wir dir die Installation des Plugins Yoast SEO. Es gibt dir ausgezeichnete Anleitungen für alle Schritte, die in Bezug auf SEO relevant sind.

Neben der einfachen Bedienung ist ein weiterer Vorteil von Yoast SEO, dass das Plugin sehr schnell reagiert, falls sich an den Algorithmen der Suchmaschinen etwas ändert. Wir raten dir, deine SEO Metadaten gelegentlich zu überprüfen, damit du schnell auf eventuelle Veränderungen reagieren kannst.

Zum Abschluss dieses Kapitel teilen wir einen wesentlichen Punkt aus der Praxis mit dir. Bedenke, dass SEO zwar eine wertvolle Marketingaktivität ist, jedoch sind qualitativ hochwertige Inhalte noch besser.

Um Menschen langfristig an dein Unternehmen zu binden, sind interessante Inhalte mit Mehrwert ein Muss. Die beste SEO-Strategie wird langfristig nur dann erfolgreich sein, wenn die Informationen, die du mit Kunden und Interessenten teilst, die Aufmerksamkeit deiner Zielgruppe erregen und langfristig halten.

Unsere goldene SEO-Regel lautet deshalb: Fokussiere zuerst auf die Qualität der von dir geteilten Inhalte und sorge dafür, dass ein Mehrwert gegeben ist. Dies ist der einzig wahre Schlüssel für einen langfristigen Erfolg im Business und im Online Marketing.

Die Basics dazu, sowie weitere, alltagstaugliche Tipps für den Bereich "Content" erhältst du im Bonus-Kapitel 6 dieses Buches.

3. STRUKTUR UND AUFBAU DER WEBSITE

Wenn ein neuer Besucher zum ersten Mal auf deine Website trifft, entscheiden die ersten Sekunden darüber, ob er sich länger dort aufhalten wird oder nicht. Niemand möchte ewig auf einer Website herumklicken, um herauszufinden, wo man welche Informationen sehen und lesen kann.

Vielleicht hast du dich selbst sogar schon einmal dabei ertappt, dass du die Geduld verloren hast, als du auf einer Website nicht gleich die für dich relevanten Informationen gefunden hast.

Eine schlechte Struktur birgt ein hohes Potenzial an Frustration für Besucher. Wenn sie sich auf einer Website nicht zurecht finden, werden sie diese rasch wieder verlassen, um sich bevorzugt über andere Quellen zu informieren.

In diesem Zusammenhang spricht man von der sogenannten "Bounce Rate" – im Deutschen "Absprungrate" genannt. Dieser prozentuale Wert gibt an, wie viele Besucher eine Website schließen, nachdem sie dort nur auf einen einzelnen Link geklickt haben.

Eine hohe Bounce Rate bedeutet, dass viele Menschen eine Website nach nur einem Klick wieder verlassen. Dies möchtest du vermeiden. Stattdessen sollen Besucher länger auf deiner Website verweilen, um sich durch verschieden Seiten und Beiträge zu klicken. Dadurch erhöht sich auch die Wahrscheinlichkeit, dass sie deine Produkte und Leistungen in Betracht ziehen.

Eine übersichtliche Struktur hilft Besuchern, sich schneller und besser zurechtzufinden. Sie sorgt für den Überblick und vereinfacht das Navigieren auf deiner Website. Die Struktur hat somit eine große Auswirkung auf das Benutzererlebnis.

Auch kannst du deine Produkte, Services und Leistungen mit Hilfe einer durchdachten Struktur so platzieren, dass deine Angebote besser ersichtlich sind.

In diesem Kapitel beschäftigen wir uns mit folgenden Themen:

- Was macht eine optimierte Struktur für eine Website aus?
- Wie legt man sinnvolle Menüs und eine Startseite in WordPress an?
- Wo platziert man Angebote am besten auf einer Website?
- Wie lässt sich die Struktur mit Permalinks zusätzlich optimieren?

Wenn du diese Bereiche berücksichtigst, hast du hohe Chancen, dass sich die Bounce Rate erhöht und Besucher länger auf deiner Website verweilen.

3.1. BEST PRACTICES FÜR DIE MENÜSTRUKTUR

In erster Linie sind Menüs für eine Struktur verantwortlich. Jede Website hat im Normalfall ein Hauptmenü und möglicherweise ein oder mehrere Untermenüs.

Hauptmenü

Das Hauptmenü einer Website ist das zentrale Glied der Struktur. Es gibt Besuchern einen konkreten Überblick, WAS sie WO finden. Um Besucher effizient durch deine Website zu lenken, sollte die Menüstruktur durchdacht sein.

 Tipp: Wir empfehlen dir, zwischen vier und sieben Hauptmenüpunkte anzulegen. So bleibt der Überblick gegeben und die Struktur wirkt weder überladen, noch leer.

ÜBER UNS   LEISTUNGEN ⌄   PROJEKTE   BLOG   KONTAKT

Beispiel für ein Hauptmenü

Über welche Menüseiten sollte eine Website verfügen? Wir empfehlen, die folgenden Punkte unbedingt ins Hauptmenü aufzunehmen:

- dein Angebot – also jene Produkte und Leistungen, die du verkaufst.
- die Kontaktdaten deines Unternehmens.

Je nach Art deiner geschäftlichen Aktivitäten eignen sich darüber hinaus weitere Informationen für das Hauptmenü, wie z.B. bisherige Projekte, Referenzen oder Kundenstimmen, Informationen zu dir und deinem Unternehmen ("Über uns"), ein Blog oder Events, an denen du teilnimmst, teilgenommen hast oder die du für deine Kunden organisierst.

 Tipp: Hole dir Inspiration, indem du dir verschiedene Menüs im Internet ansiehst. Untersuche auch die Websites deiner Mitbewerber. Welche Menüpunkte solltest du übernehmen und wo möchtest du dich von den Mitbewerbern abheben?

Untermenüs

Wenn deine Website sehr umfangreich ist, kannst du zusätzlich mit Untermenüs arbeiten. Dies bedeutet, dass du eine zweite Ebene in deiner Menüstruktur anlegst.

Beispiel für einen Untermenüpunkt

Je nach Art des Unternehmens eignen sich unterschiedliche Aspekte für Untermenüs. Hast du z.B. einen Online Shop mit verschiedenen Produkten, ist deine Website automatisch relativ umfangreich. In diesem Fall ist es ratsam, die verschiedenen Shop- oder Produktbereiche mit Untermenüs weiter zu strukturieren.

Im Vergleich dazu hat ein Einzelunternehmer, der beispielsweise Consulting-Leistungen anbietet, meist eine eher schlanke Website. Hier reicht ein einziges Hauptmenü.

Generell lassen sich beliebig viele Untermenüs anlegen. Zur besseren Übersicht empfehlen wir dir, nicht mehr als drei Menüebenen zu verwenden.

Nimm dir Zeit, um dir die Menüstruktur genau zu überlegen. Ist sie erst auf deiner Website installiert, ist es nicht in deinem Sinne, diese später wieder großflächig zu ändern. Denn dies verwirrt Menschen, die deine Website bereits kennen und regelmäßig besuchen.

Wenn du mit Untermenüs arbeitest, kannst du dir die Menüstruktur auch aufzeichnen. Verwende dafür am besten ein hierarchisches Diagramm.

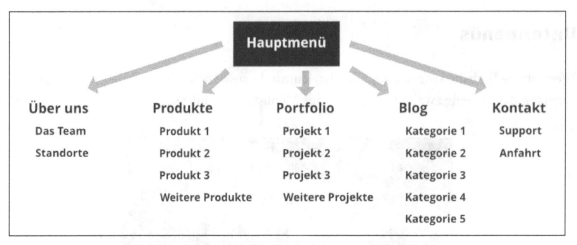

Beispiel für eine Menüstruktur in Form eines hierarchischen Diagramms

Impressum, Datenschutz und rechtliche Belange

Unterseiten für Impressum und Datenschutz sind ein Muss, denn so verlangt es die Datenschutzverordnung (DSGVO). Je nach Geschäftsmodell sind gegebenenfalls noch weitere Seiten notwendig, wie z.B. AGB oder eine Widerrufsbelehrung.

 Tipp: Wenn du ein komplexes Business – wie z.B. einen Online Shop – betreibst, empfehlen wir dir, die rechtlichen Belange mit einem Fachanwalt abzuklären.

Das Gesetz schreibt vor, dass du die rechtlich relevanten Informationen auf jeder Seite darstellen musst. Um dies zu bewerkstelligen, raten wir dazu, alle rechtlich notwendigen Seiten im Footer der Website zu verlinken. So ist garantiert, dass sie automatisch auf jeder Seite verfügbar sind, ohne viel Raum einzunehmen.

Beispiel für ein Footer-Menü mit rechtlichen Seiten

So platzierst du dein Angebot im Menü

Ganz wichtig ist die Frage, wo im Menü du dein Angebot platzierst. Denn du möchtest, dass Website-Besucher möglichst rasch auf deine Produkte und Leistungen aufmerksam werden. Hier kommt es nicht nur auf die Strategie, sondern auch auf die Psychologie an. Wie ist das zu verstehen?

Wenn wir etwas lesen, wandern unsere Augen in Richtung des Leseflusses von links nach rechts. Du kannst deshalb jene Punkte, die wichtig sind, weit vorne im Menü an erster oder zweiter Stelle platzieren. Ordne dein Angebot also am besten vorne im Menü ein. Denn der Blick bleibt schneller dort hängen, wo Menschen zu lesen beginnen.

Der psychologische Twist ist jedoch folgender: Die Augen stoppen auch gerne dort, wo etwas zu Ende geht. Deshalb setzen z.B. Dichter prägnante Wörter oft an das Ende eines Gedichts.

Auch diesen Trick kannst du dir zum Vorteil machen, indem du weitere wichtige Informationen – wie z.B. Kontaktdaten, den Warenkorb eines Online Shops oder den Login für eine Web-Community – an den Schluss der Menüstruktur stellst.

 Tipp: Orientiere dich an Kunden und potentiellen Interessenten, wenn du die Menüstruktur erstellst. Welche Punkte sollen sie schnell und einfach auf deiner Website finden?

3.2. TECHNISCHES KNOW-HOW ZUR MENÜSTRUKTUR

In WordPress gelangst du zu den Menüeinstellungen, indem du auf

Design ➜ Menüs

klickst. Hier hast du verschiedene Möglichkeiten, um die Menüstruktur zu erstellen und anzupassen. Du kannst das Hauptmenü anlegen und weitere Menüs hinzufügen, sofern das von dir verwendete Theme dies unterstützt.

Zudem lassen sich an dieser Stelle auch die Positionen verwalten. Damit bestimmst du, an welcher Stelle ein bestimmter Menüpunkt auf deiner Website angezeigt wird.

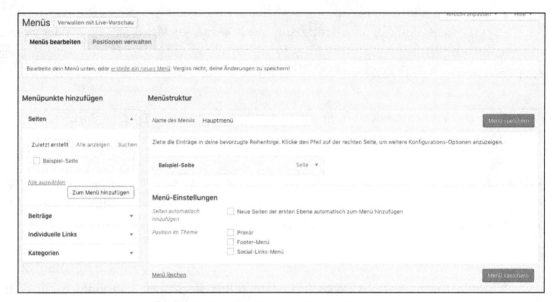

Überblick über die Menüeinstellungen im Backend

Menü erstellen oder bearbeiten

Wenn du ein Menü neu erstellst, gibst du zuerst einen beliebigen Namen dafür ein. Zur besseren Übersichtlichkeit raten wir dir dabei zu einem selbsterklärenden Namen, z.B. "Hauptmenü".

Wenn du bereits ein Menü hast, wählst du dieses einfach aus, um es zu bearbeiten. Hast du mehrere Menüs erstellt, kannst du hier das Menü auswählen, welches du bearbeiten möchtest. Die Reihenfolge der einzelnen Menüpunkte lässt sich per Drag & Drop ändern.

Seiten zum Menü hinzufügen

Nachdem du ein Menü erstellt hast, musst du die einzelnen Menüpunkte noch mit den gewünschten Seiten deiner Website verlinken.

Dazu findest du im linken Bereich unter "Menüpunkte hinzufügen" den Bereich "Seiten". Dort siehst du eine Auflistung aller auf deiner Website veröffentlichten Seiten. Suche dir die gewünschte Seite heraus und füge diese mit Klick auf "Zum Menü hinzufügen" entsprechend hinzu.

Auswahl der Seite, die einem Menü hinzugefügt werden soll

Jetzt siehst du, dass die neu hinzugefügte Seite im rechten Bereich angezeigt wird und dem gewünschten Menü zugeordnet ist.

Unter "Menüpunkte hinzufügen" findest du weitere Funktionen, mit denen du ein Menü ergänzen kannst, wie z.B. individuelle Links, sowie Funktionen für bestimmte Plugins oder für einen Blog.

Untermenü anlegen

Willst du ein Untermenü hinzufügen, kannst du dies ebenfalls in den Menüeinstellungen per Drag & Drop erledigen. Dafür verschiebst du die gewünschten Punkte für das Untermenü leicht versetzt zum jeweiligen Hauptpunkt in deinem Menü.

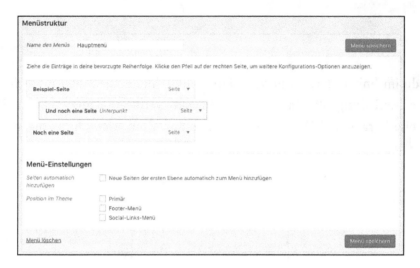

Anlegen eines Untermenüpunkts

Arten von Menüs

Das Hauptmenü ist das wichtigste Menü und ist im Normalfall prominent im oberen Bereich deiner Website dargestellt.

Manchmal wird das Hauptmenü auch zum Aufklappen angezeigt. In diesem Fall spricht man von einem "Hamburger Menü", das in der Regel für mobile Ansichten einer Website verwendet wird, wie z.B. auf einem Handy. Der Name leitet sich von dem Icon mit drei Balken ab, auf das man klickt, um das Menü zu öffnen. Es ähnelt dem Aufbau eines Hamburgers.

Hamburger Menü mit Icon

Die tatsächliche Form der Menüanzeige hängt von deinem Theme ab. Bei den meisten Themes hast du die Möglichkeit, auch ein Footer-Menü anzulegen. Dieses wird entsprechend im unteren Bereich deiner Website angezeigt.

Je nach Theme stehen dir eventuell weitere Optionen für die Positionierung deiner Menüs zur Verfügung. Dabei kann es sich z.B. um ein sekundäres Menü für "Kontakt" oder um ein Menü für Links zu Social-Media-Kanälen handeln.

Menüpositionen verwalten

In Abhängigkeit von deinem Theme lassen sich Menüs an verschiedenen Stellen auf deiner Website darstellen. Auch können sich die Positionen der Menüs je nach Inhalt der Website ändern. So sehen die Menüpositionen z.B. bei einem Online-Shop anders aus als bei einem Blog oder bei einer mehrsprachigen Website.

Nachdem du die gewünschten Menüs wie beschrieben angelegt hast, klickst du auf den Tab "Positionen verwalten".

Tab "Positionen verwalten" im WordPress-Backend

Auf der linken Seite siehst du alle dir zur Verfügung stehenden Menüpositionen. Auf der rechten Seite kannst du ein bereits erstelltes Menü der entsprechenden Position zuordnen. Wähle dazu das gewünschte Menü an der entsprechenden Position aus dem Dropdown-Menü aus und speichere deine Änderungen.

Falls einer Position kein Menü zugeordnet ist, wird auf deiner Website entweder kein Menü an der jeweiligen Stelle dargestellt oder es werden alle Seiten angezeigt. Achte immer darauf, dass deine Menüs richtig zugeordnet sind.

Je nach Art des Themes stehen dir unter "Positionen verwalten" unterschiedliche Positionen für Menüs zur Verfügung. Dabei wird die Position des Hauptmenüs in WordPress normalerweise mit "Primär" bezeichnet. Auch steht dir in der Regel ein Footer-Menü zur Verfügung, sowie darüber hinaus eventuell weitere Typen, wie z.B. ein Social-Links-Menü.

Erstellst du deine Menüs neu, kannst du zuerst ein Testmenü erstellen, welches du der Reihe nach an den verschiedenen Positionen testest. So siehst du, wo im Frontend später welches Menü platziert ist und wie das entsprechende Design dafür aussieht.

 Tipp: Bearbeitest du ein Menü, lassen sich die Positionen einfach und schnell auch unter Menü ➡ Einstellungen anpassen.

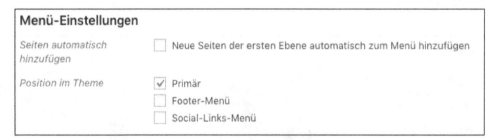

Festlegen der Position über Menü ➡ Einstellungen

Speichere deine Änderungen am Ende immer ab, damit diese auf deine Website übertragen werden.

3.3. BEST PRACTICES FÜR DIE STARTSEITE

Die Startseite ist das zentrale Element deiner Website. Sie wird oft auch mit dem englischen Begriff "Homepage" bezeichnet. Im Deutschen wird "Homepage" im weiteren Sinne auch manchmal mit dem Begriff "Website" gleichgesetzt. In diesem Buch bezeichnen wir mit

"Homepage" immer die Startseite.

Die Startseite erscheint, sobald ein Besucher deine Website über die reguläre Domain aufruft und sie ist in vielen Fällen die erste Anlaufstelle für neue Besucher.

Es handelt sich hier um den berühmten ersten Eindruck, den Menschen von deinem Unternehmen erhalten. Um einen nachhaltigen ersten Eindruck zu hinterlassen, ist das Design deiner Startseite ein besonders wichtiger Aspekt.

Automatische und statische Startseite

In WordPress werden als Standard automatisch deine letzten Blog-Beiträge auf der Startseite angezeigt. Wenn du ein Blogging-Unternehmen – wie z.B. einen Reise- oder Nachrichten-Blog – führst, macht so eine automatische Startseite mitunter Sinn, da auf diese Weise immer die aktuellsten Neuigkeiten dort veröffentlicht sind. Sofern du noch keine Blog-Artikel veröffentlicht hast, bleibt die Startseite jedoch vorläufig leer.

Falls du keinen Blog, sondern eine reguläre Website betreibst, möchtest du auf deiner Startseite bevorzugt unternehmensrelevante Informationen statt Blog-Beiträgen präsentieren. Wir denken dabei z.B. an einen einführenden Text zu deinem Business, ein Titelbild oder verschiedene Links, die du auf der Startseite einrichtest.

In diesem Fall legst du eine sogenannte statische Seite als Homepage an. Das bedeutet, dass diese aus einer regulären Seite besteht, die sich nach Belieben bearbeiten lässt. Hier entscheidest du selbst, mit welchen Inhalten deine Website-Besucher im Rahmen des ersten Eindrucks konfrontiert sind.

Startseite erstellen

Die Einstellungen für das Festlegen einer Startseite findest du unter

Einstellungen ➜ Lesen.

Hier triffst du die Entscheidung, ob du eine statische oder automatische Startseite festlegen möchtest.

Um eine statische Seite als Homepage zu definieren, erstellst du zuerst eine normale, neue Seite in WordPress. Gib ihr einen selbsterklärenden Titel, wie z.B. "Start" oder "Home".

Diese lässt sich – wie jede reguläre Seite – nach deinen eigenen Vorstellungen bearbeiten. Veröffentliche diese Seite und wähle dann unter Einstellungen → Lesen den Punkt "Eine statische Seite (unten auswählen)".

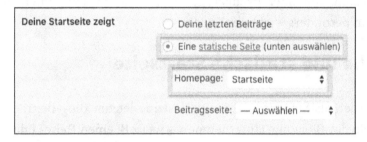

Festlegen einer statischen Seite als Homepage

Nun wählst du die zuvor erstellte und veröffentlichte Seite im Dropdown-Menü unter "Homepage" aus.

Tipp: Beschreibe dein Unternehmen auf einer statischen Homepage in kurzen und prägnanten Worten. Versuche, das Interesse der Website-Besucher zu wecken. Erkläre, was du machst, wer du bist und welchen Mehrwert du bietest. Welche Produkte verkaufst du? Welche Probleme lösen diese? Du kannst dich dabei an der Methode des "Elevator Pitch" orientieren. Wähle zusätzlich ein aussagekräftiges Titelbild für deine Startseite. Wenn du einen Online-Shop betreibst, kannst du dort z.B. deine Bestseller-Produkte oder aktuelle Angebote einblenden.

Seite für den Blog einrichten

Möchtest du einen Blog führen, aber trotzdem eine statische Homepage auf deiner Website darstellen? Auch das ist natürlich möglich.

Erstelle dafür zuerst eine statische Homepage, wie bereits beschrieben. Nun musst du darüber hinaus eine reguläre WordPress Seite für deinen Blog erstellen. Benenne diese mit einem selbsterklärenden Titel, wie z.B. "Blog" oder "News" und verlinke sie am besten im Hauptmenü deiner Website.

Ansonsten werden auf dieser Seite prinzipiell keine weiteren Inhalte benötigt. Du musst die Seite zunächst nur erstellen und veröffentlichen. Anschließend legst du diese Seite als Beitragsseite fest. Dies erledigst du unter

Einstellungen ➜ Lesen,

indem du sie dort unter "Beitragsseite" auswählst.

3.4. PERMALINKS

Permalinks optimieren deine Struktur zusätzlich. Der Begriff "Permalink" leitet sich von den beiden englischen Begriffen "permanent" und "hyperlink" ab. Deshalb gibt es dafür auch die deutsche Bezeichnung "Permanentlink". Ein Permalink entspricht einem Link zu einer Seite oder zu einem Beitrag in Form einer URL.

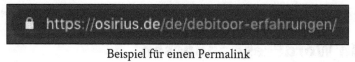

Beispiel für einen Permalink

Als URL (engl. "Uniform Resource Locator") bezeichnet man die diversen www-Adressen einer Website. Die kürzeste URL hat in der Regel die Startseite, welche normalerweise mit der Domain übereinstimmt.

SEO Tipps für Permalinks

Auch Permalinks helfen dabei, einen besseren Überblick über deine Inhalte zu verschaffen und Besuchern die Navigation auf deiner Website zu erleichtern.

Darüber hinaus verdeutlichen Permalinks die Zusammenhänge der einzelnen Seiten, was auch einen Einfluss auf das Suchergebnis hat. Wenn Suchmaschinen anhand des Links herauslesen können, worum es auf einer Seite geht, wirkt sich dies positiv auf die Bewertung aus. Selbsterklärende Permalinks erhalten also ein besseres Ranking.

Um SEO-konforme Permalinks zu erstellen, ist es wichtig, dass du das für die jeweilige Seite oder den Beitrag relevante Keyword im Permalink verwendest. Im Idealfall adaptierst du den Permalink bereits beim Erstellen der neuen Seite oder des Beitrags. Alternativ kannst du ihn auch ändern, wenn du die SEO Metadaten auf der Website hinterlegst (siehe Kapitel 2.5).

Darüber hinaus liefert dir das WordPress Menü weitere Möglichkeiten für eine Permalink-Struktur, wie z.B. "Monat und Name" oder "Tag und Name".

Das Anführen von zeitlichen Parametern – wie Tag, Monat oder Datum – im Permalink kann Sinn machen, wenn zeitliche Abläufe in deinem Business oder auf der Website eine Relevanz haben. Beispiele dafür sind Reiseblogs, Journale oder Nachrichten-Websites.

 Tipp: Wir empfehlen, dass du dich bei den Permalinks auf die Keywords konzentrierst. Dein Link ist für den Großteil der Internetnutzer auf diese Weise einfacher zu verstehen, da sich die meisten Menschen Wörter besser als Zahlen merken. Dein Link bleibt ihnen so leichter in Erinnerung und kann bei Bedarf schneller wieder aus dem Gedächtnis aufgerufen werden. Je kürzer und prägnanter ein Permalink formuliert ist, umso besser.

Permalinks in WordPress anpassen

Du passt die Standardstruktur deiner Permalinks in WordPress unter

Einstellungen ➜ Permalinks

an.

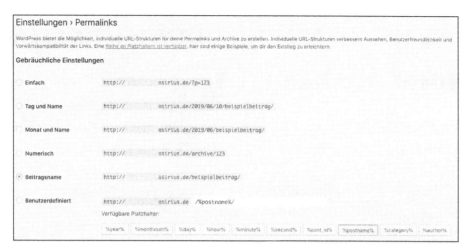

WordPress-Einstellungen für Permalinks

Wir raten dir, niemals mehr als 60 Zeichen für einen Permalink zu verwenden. Er darf zudem lediglich Buchstaben, Zahlen, Bindestriche und Unterstriche enthalten. Umlaute – wie z.B. "ä", "ö" oder "ü" – sind für Permalinks nicht geeignet. Ebenfalls ausgenommen ist "ß", sowie alle weiteren Sonderzeichen und Leerzeichen.

 Tipp: Installiere dir das Plugin de_DE. Es passt Links und Dateinamen automatisch an. So musst du dir selbst keine Gedanken um Umlaute oder Sonderzeichen machen.

Weiterführende Informationen zum Thema Verlinkungen besprechen wir in Kapitel 6.3.

3.5. ZUSAMMENFASSUNG DER WICHTIGSTEN LEARNINGS AUS KAPITEL 3

Eine optimierte Struktur erleichtert die Navigation und gibt Besuchern einen besseren Überblick über die verschiedenen Informationen, die es auf deiner Website zu finden gibt.

Die erste Anlaufstelle ist das Hauptmenü deiner Website. Es gibt Besuchern selbsterklärend darüber Aufschluss, wo auf deiner Website sie welche Informationen beziehen.

Wir empfehlen dir vier bis sieben Hauptmenüpunkte, wobei du die wichtigsten Informationen entweder zu Beginn oder am Ende des Menüs platzierst. Je nach Umfang deiner Inhalte können darüber hinaus Untermenüs sinnvoll sein.

Was du in jedem Fall berücksichtigen musst, sind die rechtlichen Seiten im Sinne der DSGVO. Impressum und Datenschutz, sowie andere rechtliche Informationen müssen auf jeder Seite verlinkt sein. Am besten erledigst du dies über das Footer-Menü.

Auch die Startseite ist ein wichtiger Faktor, um einen Überblick zu geben. Sie ist meist der erste Eindruck, den Besucher von deiner Website erhalten. Je mehr Interesse die Startseite hervorruft, umso größer ist die Wahrscheinlichkeit, dass Besucher länger auf deiner Website verweilen und auf dein Angebot aufmerksam werden.

In WordPress kannst du entscheiden, ob du eine statische oder eine automatische Startseite definieren möchtest.

Mit Hilfe von Permalinks strukturierst du deine Website weiter. Sie verdeutlichen einzelne Zusammenhänge, was auch von Suchmaschinen bewertet wird. Gestalte einen Permalink so, dass er das relevante Keyword beinhaltet.

4. LADEZEIT DER WEBSITE

Ein rein technischer Faktor, der Einfluss auf das Suchmaschinenergebnis nimmt, ist die Ladezeit der Website. Damit meint man die Zeit, die es dauert, bis eine Website einem Besucher vollständig angezeigt wird.

Die Ladezeit sollte so gering wie möglich sein und im besten Fall liegt sie unter zwei Sekunden. Dabei machen oft bereits wenige Millisekunden einen Unterschied aus, der das Ranking positiv oder negativ beeinflusst.

Suchmaschinen sind so programmiert, dass sie die Interessen der Internetnutzer berücksichtigen. Aufgrund künstlicher Intelligenz werden diese immer schlauer. So gibt es mittlerweile zahlreiche Faktoren abseits der Technik, die einen Einfluss auf Suchergebnisse haben und die Tendenz diesbezüglich ist steigend.

Für Website-Besucher ist es unangenehm, wenn eine Seite sehr langsam geladen wird. Viele Menschen verlieren bei einer langsamen Ladezeit die Geduld und springen ab, bevor die Website vollständig geladen ist. Dadurch erhöht sich die Bounce Rate.

Eine interessante Statistik, die den Zusammenhang zwischen Ladezeit und Besucherverhalten untersucht, findest du unter folgendem Link:

- royal.pingdom.com/2018/01/18/page-load-time-really-affect-bounce-rate

Vor allem im mobilen Bereich hat die Ladezeit einen großen Einfluss auf das Ranking. Zwar werden die mobilen Handynetze immer schneller, doch langsame Ladezeiten bedeuten meist eine größere Seite mit mehr Inhalt, was zu einem hohen Datenverbrauch beim Laden der Website führt. Dies ist natürlich nicht im Interesse eines Handy-Nutzers.

In diesem Kapitel sehen wir uns die folgenden Fragestellungen im Detail an:

- Was sind die Voraussetzungen für eine optimale Ladezeit?
- Welche Tools kann man verwenden, um die Ladezeit zu überprüfen?
- Welche Bereiche einer Website muss man verbessern, um die Ladezeit zu verringern?

Merke dir: Niemand – weder die Besucher deiner Website, noch Suchmaschinen – sind glücklich über eine Website, die eine lange Ladezeit hat.

4.1. VORAUSSETZUNGEN

Im Optimalfall liegt die Ladezeit unter zwei Sekunden, jedoch ist dies nur ein ungefährer Anhaltspunkt. Wenn sie zwischen zwei und drei Sekunden beträgt, ist dies bereits ein sehr gutes Resultat.

Wenn deine Website z.B. über viele, große Bilder, Videos oder über ein aufwändiges Design verfügt, ist die Ladezeit automatisch langsamer. Besteht sie aus eher kurzen Texten, wird die Ladezeit natürlich entsprechend schneller sein.

Sei deshalb nicht besorgt, wenn du das Ergebnis von zwei Sekunden nicht sofort erreichst. Es ist ein langfristiges Ziel, die Ladezeit deiner Website Schritt für Schritt zu verbessern.

Um die Ladezeit zu beschleunigen, gibt es verschiedene Möglichkeiten, die großteils von den spezifischen Eigenschaften deiner Website abhängig sind. Da Websites so unterschiedlich sind, lassen sich viele Bereiche also nur individuell optimieren. Wir stellen dir hier Tools vor, mit denen du die Ladezeit deiner Website testen kannst. Diese geben dir zahlreiche, konkrete Hinweise, wie sich die Ladezeit konkret verbessern lässt.

Vieles davon ist jedoch sehr technisch oder findet direkt auf dem Server statt. Dafür ist ein ein spezifisches Fachwissen notwendig.

Achtung: Die meisten Tools und Plugins lassen sich relativ einfach installieren. Sei jedoch vorsichtig, wenn du beginnst, die Einstellungen zu verändern. Falsche Einstellungen können deine Website oder einzelne Inhalte komplett zerstören und unerreichbar machen.

Die konkrete Umsetzung sollten deshalb nur fortgeschrittene Anwender und Profis vornehmen. Vergewissere dich, dass du selbst genau weißt, was du auf deiner Website tust. Wenn du unsicher bist und dir das technische Wissen fehlt, dann arbeite unbedingt mit einem Experten zusammen.

So vermeidest du, dass es zu teuren Schäden an deiner Website kommt. Auch wir halten an dieser Stelle fest, dass wir keine Haftung für eventuelle Schäden an deiner Website und dadurch entstehende Kosten übernehmen.

Tipp: Mache regelmäßige Backups, um die Inhalte deiner Website zu schützen. So kannst du jederzeit auf eine alte Version zurückgreifen, wenn ein Notfall es erfordert.

4.2. TOOLS ZUR ÜBERPRÜFUNG DER LADEZEIT

Um die Ladezeit deiner Website zu überprüfen, kannst du auf eines oder mehrere der folgenden Tools zurückgreifen. Die meisten davon sind aktuell nur in englischer Sprache verfügbar.

Die Reportings aus den Tools zeigen verschiedene Punkte zur Verbesserung deiner Website auf, die teilweise über die Optimierung der Ladezeit hinausgehen. Wir konzentrieren uns hier primär auf den wichtigen Faktor "Ladezeit". Wenn du die diesbezüglich aufgelisteten Empfehlungen berücksichtigst, werden automatisch auch andere Bereiche deiner Website verbessert.

 Tipp: Unterschiedliche Tools können verschiedene Ergebnisse liefern. Außerdem kann auch die Tageszeit – z.B. aufgrund unterschiedlicher Serverauslastungen zu verschiedenen Zeitpunkten – eine Rolle spielen. Darum empfehlen wir dir, mehrere Tests zu unterschiedlichen Zeiten durchzuführen. Erstelle davon einen Mittelwert, um ein realistisches Ergebnis der tatsächlichen Ladezeit zu erhalten.

GTmetrix

GTmetrix ist eines der umfangreichsten und bekanntesten Reportings für die Optimierung der Ladezeit. Es erzielt ein sehr detailliertes Ergebnis und gibt zahlreiche Tipps dazu, was sich wie auf deiner Website verbessern lässt.

Du kannst GTmetrix prinzipiell kostenlos verwenden. Zwar gibt es auch eine bezahlbare Pro-Version, jedoch ist diese unserer Erfahrung nach nicht notwendig, da die kostenfreie Version bereits ein sehr umfassendes Reporting liefert.

Um ein Reporting von GTmetrix zu erhalten, gibst du auf der Website von GTmetrix die URL zu deiner Website ein. Klicke nun auf den blauen Button "Test your site".

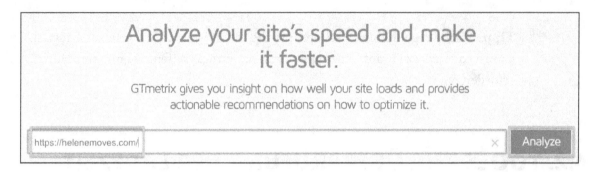

Eingabe der URL in GTmetrix

Tipp: Gib bei allen Tools immer die komplette URL, die du testen möchtest, ein. So erzielst du ein möglichst exaktes Ergebnis. Am besten kopierst du dafür die URL aus deinem Browser. Damit vermeidest du z.B. Verfälschungen der Ergebnisse durch Weiterleitungen.

Deine Website wird nun überprüft und getestet. In der kostenlosen Version kann dies ein paar Minuten dauern. Schließe das Fenster nicht, da der Vorgang sonst abgebrochen wird. Sobald die Analyse abgeschlossen ist, siehst du das Ergebnis.

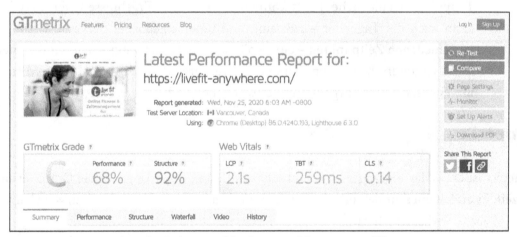

Ergebnis der Ladezeit und Performance Messung von GTmetrix

Das Reporting von GTmetrix ist nicht nur umfangreich, sondern auch sehr technisch. Wie lässt es sich interpretieren?

Im oberen Bereich des Reportings findest du die generellen Details zum durchgeführten Test. Wir konzentrieren uns zunächst auf die beiden Bereiche "GTmetrix Grade" und "Web Vitals".

GTmetrix-Bewertung

Unter "GTmetrix Grade" erhältst du zwei generelle Bewertungen von GTmetrix. "A" ist dabei das bestmögliche Ergebnis, ein "F" hingegen das schlechteste. Die beiden Bewertungen "Performance" und "Structure" beziehen sich auf unterschiedliche Richtlinien.

Der Performance-Wert gibt im Grunde die Gesamtperformance deiner Website nach den Richtlinien von GTmetrix an. Der Structure-Wert zeigt hingegen an, wie sich der allgemeine Aufbau der getesteten Website in Bezug auf die optimale Leistung verhält. Im Idealfall ist hier dein Ziel, eine "A"-Bewertung beim GTmetrix Grade zu erreichen. Die detaillierten technischen Hintergründe der Bewertung sowie weitere Infos dazu findest du auf der Website von GTmetrix unter gtmetrix.com/blog/everything-you-need-to-know-about-the-new-gtmetrix-report-powered-by-lighthouse/#gtmetrix-grade.

Im Bereich "Web Vitals" findest du Details zur Einschätzung der aktuellen Ladezeit unter Berücksichtigung verschiedener Elemente.

Der LCP-Wert gibt an, wie lange es braucht, bis das größte Element auf der getesteten Website (wie z.B. ein Titelbild) angezeigt wird. Der Wert sollte hier im Idealfall unter 1,2 Sekunden liegen. Der TPT-Wert gibt die Ladezeit für verschiedene Scripte (z.B. für den Code deiner Website) auf der Website an. Im besten Fall liegt dieser Wert unter 150 Millisekunden. Zum Schluss gibt dir GTmetrix noch einen CLS-Wert. Dieser Wert zeigt vereinfacht gesagt an, wie lange sich einzelne Elemente auf der Website unerwartet verschieben. Im Idealfall beträgt dieser Wert 0.1 oder weniger. Auch für diesen Bereich der Bewertung findest du alle technischen Details auf der Website von GTmetrix unter gtmetrix.com/web-vitals.html.

Weiter unten auf der Ergebnisseite finden sich nähere Informationen zum durchgeführten Test. Anhand verschiedener Testmethoden siehst du, welche Dinge es auf deiner Website zu verbessern gilt. Die verschiedenen Tabs im oberen Bereich dieser Übersicht geben dir konkrete Handlungsanweisungen.

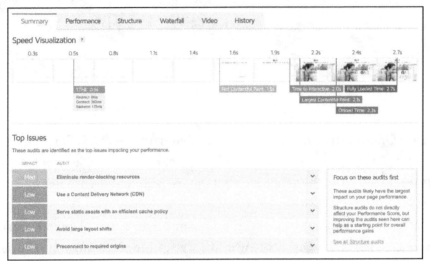

Zusammenfassung der Details eines GTmetrix-Tests im Tab "Summary"

Der Tab "Summary" gibt dir einen ersten Überblick über Optimierungspotenziale. Besonders relevant ist zunächst der Tab "Structure", der dir konkrete Verbesserungsmöglichkeiten für die von dir getestete Website aufzeigt.

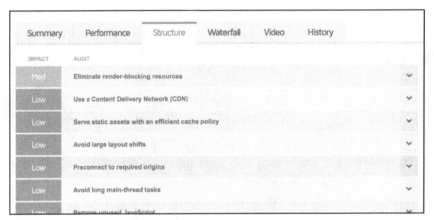

Details des Reportings von GTmetrix im Tab "Structure"

In der Spalte "Impact" erhältst du eine Einschätzung von GTmetrix, wie hoch der Einfluss des genannten Punktes auf die Performance deiner Website ist. Es empfiehlt sich, Punkte mit einem hohen Impact zuerst zu bearbeiten.

Klickst du unter "Audit" eine der Zeilen an, werden dir die genauen Testergebnisse sowie weitere Details zum jeweiligen Punkt angezeigt.

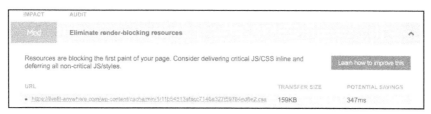

Weitere Details und Tipps zur Optimierung des ausgewählten Punktes

Insbesondere der blaue Button "Learn how to improve this" ist in dieser Ansicht sehr hilfreich. Durch Klick auf den Button gelangst du zu einem entsprechenden Beitrag, welcher dir Tipps zur Optimierung gibt. **Achtung:** Dabei handelt es sich oft um sehr technische Details.

Wenn du die einzelnen Punkte Schritt für Schritt bearbeitest, gelangst du so zu einem kontinuierlich besseren Ergebnis in Bezug auf Ladezeit und Performance deiner Website.

Hast du z.B. im Bereich "leverage browser caching" eine schlechte Bewertung, hilft dir Kapitel 4.4 mit dem Thema "Caching" weiter. Wenn das Reporting bei "optimize images" schlecht ist, empfiehlt sich eine Optimierung der Bilder und Grafiken auf deiner Website (siehe Kapitel 4.3).

Das Reporting von GTmetrix ist sehr detailliert. Für Fortgeschrittene bietet dieses Tool zahlreiche Tipps, um eine Website selbstständig zu optimieren. Fehlt dir das technische Fachwissen, muss sich ein technischer Experte darum kümmern.

Trotzdem ist das Reporting von GTmetrix auch in diesem Fall hilfreich, da du die technischen Schwachstellen deiner Website bereits selbstständig identifiziert hast und dem Techniker diese Arbeit ersparst.

Google PageSpeed Insights

Google stellt mit PageSpeed Insights ebenfalls ein Tool bereit, mit dem sich deine Website testen lässt. Auch hier erhältst du zahlreiche Tipps zur Optimierung deiner Website. Das Google-Reporting ist unserer Erfahrung nach jedoch nicht ganz so umfangreich und detailliert wie jenes von GTmetrix.

Auch Google PageSpeed Insights lässt sich kostenlos nutzen. Um ein Reporting zu erhalten, gibst du analog zu GTmetrix die URL deiner Website in das entsprechende Feld ein und klickst auf "Analyze".

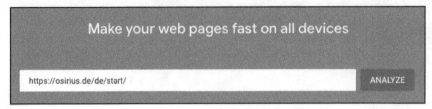

Eingabe der URL in Google PageSpeed Insights

Das Tool führt nun verschiedene Tests durch, was ein paar Minuten dauern kann.

Im Vergleich zu GTmetrix gibt dir Google PageSpeed Insights zunächst keine genaue Auskunft über die tatsächliche Ladezeit und Größe deiner Website. Stattdessen bekommst du hier eine Bewertung von 0 bis 100 Punkten, wobei 100 das bestmögliche Ergebnis ist.

Ein optimales Resultat von 100 Punkten ist kaum zu erreichen. Generell sind Ergebnisse von mehr als 85 Punkten jedoch ausgezeichnet. Dein Ziel mit Google PageSpeed Insights ist also, dass du langfristig mindestens 85 Punkte erreichst.

Ein Vorteil von Google PageSpeed Insights ist, dass du im blauen Bereich links oben separate Ergebnisse für die Desktop- und die Mobil-Version deiner Website erhältst.

Ergebnis von Google PageSpeed Insights

Scrollst du weiter nach unten, siehst du eine Auflistung aller durchgeführten Tests. Die Ergebnisse sind dabei nach dem Ampelsystem bewertet.

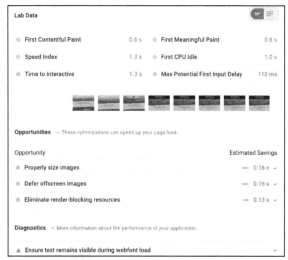

Details des Ergebnisses von Google PageSpeed Insights

Ein grüner Punkt vor dem entsprechenden Bereich bedeutet, dass das Ergebnis als sehr zufriedenstellend bewertet ist. Orange oder rote Punkte hingegen weisen auf verbesserungswürdige Aspekte hin.

Klickst du auf eine der Zeilen, erhältst du Details zum jeweiligen Bereich. Darüber hinaus schlägt dir Google PageSpeed Insights auch konkrete Anleitungen zur Problembehebung vor. Klicke auf "Learn more", um weitere Hinweise diesbezüglich zu erhalten.

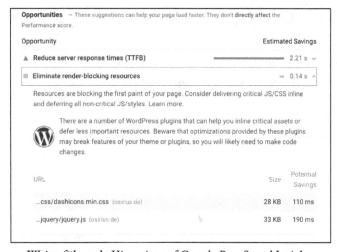

Weiterführende Hinweise auf Google PageSpeed Insights

Google Test My Site

Ein noch relativ unbekanntes Tool ist Test My Site von Google. Mit diesem Tool überprüfst du die Geschwindigkeit primär in Bezug auf die mobile Version deiner Website.

Startseite von Google Test My Site

Um eine Website zu testen, gibst du auch hier die URL ein und klickst auf "Enter" bzw. auf den Pfeil rechts im Eingabefeld. Ist die Analyse abgeschlossen, klickst du rechts unten auf den Link "direkt zu den Ergebnissen".

Der Bericht von Test My Site zeigt die Ladezeit, sowie eine Bewertung an. Scrollst du weiter nach unten, erhältst du konkrete Tipps und Optimierungsvorschläge.

Oben rechts findest du den blauen Button "Bericht erstellen". Wenn du darauf klickst und deine E-Mail-Adresse eingibst, sendet dir Google einen detaillierten Bericht zu.

Google Test My Site ist eine schnelle und übersichtliche Methode, um Empfehlungen für die Optimierung deiner Website zu erhalten.

Weitere Tools

Andere, kostenlose Tools, mit denen sich die Ladezeit deiner Website testen lässt, sind Pingdom Website Speed Test und WebPageTest. Sie funktionieren ähnlich wie die soeben vorgestellten Tests. Klicke dich durch die Tools, um verschiedene Reportings zu erhalten.

4.3. BILDER UND GRAFIKEN OPTIMIEREN

Ein Punkt, der sich selbstständig verbessern lässt, betrifft die Optimierung von Bildern und Grafiken. Bildmaterial verbraucht meist viel Speicherplatz, wodurch sich die Ladezeit verringert.

Dein Ziel ist, dass Bilder und Grafiken auf deiner Website in der bestmöglichen Qualität bei einer möglichst kleinen Dateigröße dargestellt sind. Du kannst dazu die Bilder entweder vor oder nach dem Hochladen in die WordPress Mediathek optimieren. In beiden Fällen verringert sich die Dateigröße, was sich positiv auf die Ladezeit auswirkt.

 Tipp: Idealerweise bearbeitest du Bilder und Grafiken bereits vor dem Hochladen in die WordPress Mediathek. Dies erledigst du mit dem Bildbearbeitungsprogramm deines Computers. Manche Programme beinhalten dafür eine spezielle "Save for Web" Option. Sie es ermöglicht es dir, Bilder per Mausklick automatisch auf ein für das Internet optimales Format anzupassen.

Hast du bereits sehr viele Bilder auf deiner WordPress-Website hochgeladen, lässt sich die Auflösung und Qualität des Bildmaterials mit Hilfe der in diesem Kapitel genannten Plugins auch im Nachhinein anpassen.

Bildauflösung

Die erste Optimierungsmöglichkeit betrifft die Auflösung des Bildmaterials. Damit meint man die Breite und Höhe deiner Bilder, die in sogenannten Pixel bzw. Megapixel angegeben wird.

Einfach gesagt bedeuten mehr Megapixel eine größere Bildauflösung. Je höher die Auflösung ist und je mehr Megapixel ein Bild hat, umso größer ist auch die entsprechende Bilddatei. Aktuell sind Bilder mit 12 oder mehr Megapixel keine Seltenheit. Dies entspricht oft einer Dateigröße von mindestens vier bis sechs Megabyte (MB), was sehr viel ist. Meist können Websites so hochauflösende Bilder gar nicht anzeigen. Für deine Website ist deshalb eine Dateigröße von maximal 200 Kilobyte (KB) ideal.

Welche Auflösung sollten deine Bilder haben? Header-Bilder – damit bezeichnet man Bildmaterial, das über die gesamte Breite deiner Website angezeigt wird – kannst du in Full-HD-Auflösung hochladen. Dies entspricht einer Breite von 1920 Pixeln und einer Höhe von 1080 Pixeln. Damit hast du die meisten Fälle abgedeckt. Werden Bilder in einem kleinerem Format auf deiner Website dargestellt, veränderst du die Größe mit dem Bildbearbeitungsprogramm entsprechend.

 Tipp: Alternativ lassen sich dafür auch Plugins verwenden, die Bilder und Grafiken automatisch auf die richtige Größe skalieren. Entsprechende Plugins sind z.B. Simple Image Sizes, Resize Image After Upload oder Regenerate Thumbnails.

Das Format deiner Darstellungen sollte ".jpg" für Bilder und ".png" für Grafiken sein. Es gibt darüber hinaus die Möglichkeit, GIF-Bilder für kurze Animationen oder Vektorgrafiken (z.B. das Format SVG) hochzuladen. Allerdings kann es sein, dass du dafür spezielle Programmierungen in WordPress vornehmen musst, um die Bilder hochzuladen und anzuzeigen.

Bildqualität

Die zweite Optimierungsmöglichkeit betrifft die Bildqualität. Sie drückt aus, wie detailreich deine Bilder angezeigt werden bzw. wie viele Feinheiten von Details in einem Bild zu sehen sind. Verringerst du die Qualität, spricht man dabei von der sogenannten Komprimierung der Bilder.

Speicherst oder exportierst du Bilder im JPG-Format, lässt sich dabei meist auch die Qualität festlegen. Ähnlich wie bei der Bildauflösung gilt auch hier, dass Websites sehr feine Details meist gar nicht anzeigen. Deshalb reduzierst du die Qualität deines Bildmaterials mit Hilfe eines Bildbearbeitungsprogramms am besten auf ca. 80%.

Um die Qualität der Bilder für WordPress anzupassen, kannst du alternativ auch dafür Plugins verwenden, wie z.B. ShortPixel Plugin, EWWW Image Optimizer oder TinyPNG.

4.4. LADEZEIT OPTIMIEREN

Die folgenden Bereiche spielen eine wichtige Rolle bei der Optimierung der Ladezeit. Für sie gilt, dass spezifisches Fachwissen notwendig ist, um einen sicheren Betrieb der Website auch nach Durchführung der technischen Änderungen zu garantieren.

Wendest du unsere Plugin-Tipps und Einstellungen falsch an, wird deine Website möglicherweise unerreichbar oder zerstört. Deshalb weisen wir an dieser Stelle nochmals darauf hin, dass du unbedingt einen Techniker kontaktieren solltest, wenn du dich selbst nicht auskennst.

Datenbank

WordPress speichert alle Daten einer Website in einer Datenbank. Mit der Zeit sammeln sich dort jedoch viele veraltete oder unnötige Daten an. Dies betrifft z.B. automatische Sicherungen, ungenutzte Entwürfe, altes Bildmaterial, nicht mehr benötigte WordPress Daten oder den Verlauf von Änderungen.

Sorge deshalb in der WordPress Datenbank regelmäßig für Ordnung, um deine Website von unnötigem Datenmaterial zu befreien.

Du kannst dir die Situation wie einen Mülleimer vorstellen. Auch dieser wird regelmäßig geleert, weil sich darin mit der Zeit zu viel Abfall ansammelt. Analog dazu funktioniert auch eine Datenbank. Befreist du deine Website regelmäßig vom virtuellen Datenmüll, macht dies auch Speicherplatz frei und die Ladezeit verringert sich.

 Tipp: Da es nicht leicht ist, den Überblick über nicht mehr benötigtes Datenmaterial zu behalten, empfehlen wir dir für das regelmäßige Aufräumen der Datenbank das Plugin WP-Optimize.

Caching

Der Begriff "Caching" beschreibt den Prozess, mit dem bestimmte Daten einer Website auf verschiedene Weisen zwischengespeichert werden. Dadurch müssen die Daten nicht immer vom Hosting bis zum Besucher einer Website übertragen werden und stehen stattdessen direkt zur Verfügung. Dies verbessert auch die Ladezeit.

Für das Caching gibt es unterschiedliche Möglichkeiten. Du kannst dieses z.B. über Plugins einstellen oder auch direkt auf dem Server deines Hostings optimieren. Um das Caching über WordPress zu verbessern, sind Autoptimize, WP Super Cache oder W3 Total Cache Plugins, die wir empfehlen. Das bezahlbare Premium-Plugin WP Rocket ist eine weitere Möglichkeit.

Verschiedene Caching-Plugins bieten unterschiedliche Optionen. Ob du ein kostenloses oder ein bezahlbares Premium-Plugin verwenden solltest, kommt auf die individuelle Situation an. In den folgenden Beiträgen findest du Vergleiche verschiedener Caching-Plugins für deine WordPress Website:

- www.netz-gaenger.de/blog/wordpress-tutorials/die-besten-caching-plugins-fuer-wordpress/
- www.wpbeginner.com/plugins/best-wordpress-caching-plugins/

 Tipp: Das Reporting von GTmetrix beinhaltet auch Verbesserungsvorschläge für das Caching, die abseits von Plugins relevant sind.

Code

Eine Website besteht im Hintergrund aus einer großen Menge an Code. Dabei handelt es sich um die verschiedenen Formen der Website-Programmierung. Egal ob WordPress an sich oder das Design deiner Website, ein Plugin oder einzelne Seiten und deren Inhalt: Alles ist mit Code programmiert.

Bei so viel Code kann es vorkommen, dass dieser nicht immer optimal aufbereitet ist. Manchmal finden sich dort z.B. überflüssige Zeichen oder Abschnitte. Im Einzelfall ist das kein Problem, doch summiert sich der überflüssige Code rasch.

Da jedes einzelne Wort im Code deiner Website zusätzlichen Speicher verbraucht – was wiederum die Ladezeit erhöht – ist es wichtig, dass der Code deiner Website so einfach wie möglich bleibt.

Es ist sehr schwierig, den gesamten Code händisch anzupassen und zu optimieren. Deshalb gibt es auch dafür Plugins, die dies automatisch übernehmen.

Die bereits vorgestellten Plugins Autoptimize, W3 Total Cache und WP Rocket beinhalten auch Funktionen für die Optimierung des Code. Weitere, hilfreiche Plugins dafür sind Remove Query Strings From Static Resources und Use Google Libraries.

4.5. HOSTING

Zusätzlich zu den genannten, technischen Optimierungen gibt es noch einen weiteren entscheidenden Faktor bezüglich Ladezeit, der gerne übersehen wird: das Hosting.

Gute – jedoch oftmals auch teure – Hosting-Pakete haben eine höhere Leistung und deine Website wird unter Umständen schneller geladen. Günstigere Angebote hingegen bieten oft geringere Services, was sich negativ auf die Ladezeit auswirken kann.

Wir empfehlen dir, beim Hosting auf Qualität zu achten. Die Kosten sind dann möglicherweise höher, jedoch kann dies ein entscheidender Faktor für eine optimierte Ladezeit sein und somit für ein besseres Ranking sorgen. Mittlerweile gibt es sogar Anbieter, die sich komplett auf WordPress spezialisiert haben. Ein Wechsel des Hosting-Partners kann sich lohnen.

 Tipp: Vergleiche verschiedene Anbieter von Hosting-Paketen und fokussiere bei deinen Recherchen insbesondere auf die Geschwindigkeit der Server.

Weiterführende Informationen rund um Hosting findest du auf dem Blog von osirius.de:

- osirius.de/de/beste-hosting-fuer-wordpress-finden/

4.6. ZUSAMMENFASSUNG DER WICHTIGSTEN LEARNINGS AUS KAPITEL 4

Unter dem Begriff "Ladezeit" versteht man die zeitliche Dauer, bis eine Website vollständig angezeigt ist. Im Idealfall sollte Sie unter zwei Sekunden betragen. Die Ladezeit ist ein technischer Faktor, der Einfluss auf das Suchmaschinen-Ranking deiner Website hat.

Um die Ladezeit zu testen, stehen dir verschiedene Tools zur Verfügung. Damit du ein möglichst realistisches Ergebnis für deine Website erhältst, empfiehlt es sich, verschiedene Tests zu unterschiedlichen Tageszeiten durchführen.

Die tatsächliche Umsetzung der technischen Optimierungen ist heikel. Wenn du selbst nicht über das dafür notwendige Fachwissen verfügst, solltest du in jedem Fall einen Spezialisten kontaktieren. Drei Bereiche, die einem Techniker überlassen werden sollten, betreffen die Datenbank, das Caching, sowie die Optimierung des Code.

Das Bildmaterial deiner Website lässt sich ohne großen Aufwand selbstständig optimieren. Idealerweise verringerst du die Dateigröße deiner Bilder und Grafiken dabei bereits vor dem Hochladen in die WordPress Mediathek.

Nicht zuletzt kann auch das Hosting deiner Website eine nicht unwesentliche Auswirkung auf die Ladezeit haben. Informiere dich, welche Leistungen dein Hosting-Partner diesbezüglich bietet.

5. TECHNIK-TIPPS AUSSERHALB VON WORDPRESS

Du hast nun bereits viele Ideen und Möglichkeiten kennengelernt, um deine WordPress Website technisch zu optimieren. In diesem Kapitel teilen wir weiterführende Technik-Tipps außerhalb von WordPress mit dir.

Wir gehen dabei auf die folgenden Fragen ein:

- Was ist eine SSL Verschlüsselung und welche Vorteile hat sie?
- Warum macht es Sinn, eine Website bei Google zu registrieren?
- Wie nutzt man Besucheranalysen?

Damit erhältst du zusätzliche Impulse, die sich relativ einfach umsetzen lassen und weitere Aspekte deiner Website technisch aufwerten.

5.1. SSL VERSCHLÜSSELUNG

SSL steht für "Secure Sockets Layer". Ein SSL Zertifikat verschlüsselt die Kommunikation von Daten, die von deinem Computer an einen Server gesendet werden. Dies ist z.B. der Fall, wenn du deine E-Mail-Adresse auf einer Website in ein Kontaktformular einträgst.

Das SSL Zertifikat ist eine kleine Datei, die vereinfacht gesagt drei Hauptaufgaben hat. Erstens authentifiziert sie die Kommunikationspartner und stellt auf diese Weise sicher, dass die Datenübertragung von einer originalen Website und keiner Fälschung erfolgt.

Sie sorgt zweitens für eine verschlüsselte "Ende-zu-Ende"-Datenübertragung und garantiert drittens, dass die übertragenen Daten komplett sind und nicht böswillig durch Hacking geändert wurden.

Was sind die Vorteile einer SSL Verschlüsselung? In Bezug auf SEO musst du wissen, dass Google verschlüsselte Websites in den Suchergebnissen bevorzugt. Deshalb erhöhst du auch mit einer SSL Verschlüsselung die Chancen auf ein besseres Ranking. Einige Browser sperren nicht verschlüsselte Websites mittlerweile sogar komplett.

Darüber hinaus ist die SSL Verschlüsselung für die Umsetzung einer DSGVO-konformen Website relevant. Aus Gründen des Datenschutzes ist es notwendig, ein SSL Zertifikat in eine Website einzubinden, sobald persönliche Daten übertragen werden. Dies ist z.B. bereits der Fall, wenn du ein Kontaktformular auf deiner Website hast.

Um festzustellen, ob deine Website korrekt verschlüsselt ist, siehst du dir die URL im Adressfenster deines Browsers an:

URL mit SSL Verschlüsselung

Beginnt die URL mit "https://" statt "http://", ist deine Website mit einem SSL Zertifikat verschlüsselt. Manche Browser zeigen eine verschlüsselte Website auch durch ein kleines Schloss-Symbol oder das Wort "sicher" an.

Ein SSL Zertifikat lässt sich auf verschiedene Arten beziehen. Die meisten Hosting-Anbieter haben unterschiedliche SSL Zertifikate im Angebot. Diese bieten einen ausgezeichneten Schutz, sind jedoch normalerweise mit zusätzlichen Kosten verbunden.

 Tipp: Untersuche das Angebot deines Hosting-Partners. Manchmal ist ein SSL Zertifikat bereits im Hosting-Vertrag beinhaltet und du musst dieses nicht separat kaufen.

Eine Alternative zum Kauf bei deinem Hosting-Anbieter sind offene Organisationen, die sich für ein sicheres Internet einsetzen und kostenlose SSL Zertifikate anbieten. Ein Beispiel dafür ist die Open Certificate Authority Let's Encrypt. Du kannst auch dort ein SSL Zertifikat für deine Website beziehen.

Bezahlbare Services bieten in der Regel höhere Leistungen als kostenlose Zertifikate, wie z.B. eine bessere Verifizierung und Verschlüsselung oder sogar eine Versicherung. Rechtlich gesehen reicht ein kostenloses Zertifikat jedoch normalerweise aus.

Falls du auf deiner Website eine große Zahl an persönlichen Daten hinterlegt hast – z.B. bei einem Online Shop oder wenn du einen Members-Bereich mit Mitgliedern auf deiner Website führst – empfehlen wir dir ein bezahltes SSL Zertifikat mit erweiterten Einstellungen. Dies erhöht die Sicherheit und schützt die persönlichen Daten deiner Community.

5.2. WEBSITE BEI SUCHMASCHINEN REGISTRIEREN

Sobald du Keywords und SEO Metadaten im Backend deiner Website einträgst, werden die Seiten und Beiträge Schritt für Schritt automatisch in den Suchergebnissen gelistet. Oft kann es jedoch mehrere Wochen dauern, bis die hinterlegten SEO Informationen in den Suchergebnissen auftauchen.

Um diesen Prozess zu beschleunigen, registrierst du deine Website bei Google und anderen Suchmaschinen.

Für Google trägst du deine Website dafür in die Search Console unter search.google.com/searchconsole ein.

Hier kannst du z.B. eine Sitemap hinterlegen. Dabei handelt es sich um eine Liste aller Seiten und Beiträge auf deiner Website. Wenn du eine solche Sitemap in der Search Console anlegst, wirst du von Google schneller indexiert.

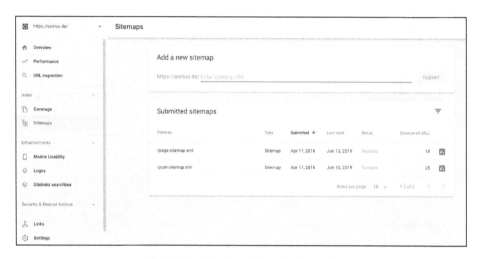

Einblick in die Google Search Console

Auch kannst du einzelne Seiten und Beiträge aktiv bei Google hinterlegen. Dazu trägst du den Link zur entsprechenden Seite oder zum jeweiligen Beitrag ein. Bereits wenige Stunden später erscheinen diese dann meist auch schon in den Google-Suchergebnissen.

Andere Suchmaschinen bieten ähnliche Tools. Auf Bing findest du die Registrierung z.B. unter bing.com/toolbox/webmaster.

5.3. BESUCHERANALYSE

Als letzte, technische Empfehlung im Rahmen dieses Buches raten wir dir, dass du ein Tool zur Besucheranalyse auf deiner WordPress Website einrichtest. Damit lassen sich Statistiken über die Besucher deiner Website nach unterschiedlichen Kriterien erstellen.

Relevante Tools dafür sind Google Analytics, Matomo, etracker oder Hotjar.

Die Besucheranalyse hat zwar nur einen indirekten Einfluss auf die Optimierung deiner Website, jedoch sind Statistiken der beste Weg, um mehr über das Nutzerverhalten deiner Besucher zu erfahren.

So gelangst du an Details zu deiner tatsächlichen Zielgruppe, die sich z.B. für Marketingstrategien heranziehen lassen. Verschiedene Besucheranalyse-Tools bieten unterschiedliche Möglichkeiten für Statistiken. Klicke dich durch die unterschiedlichen Tools, um festzustellen, welche davon für dein Unternehmen relevant sind.

Mit Hilfe der Besucheranalyse siehst du, wie viele Menschen deine Website besuchen. Du kannst überprüfen, wie viele Erstbesucher es gibt und wie oft Internetnutzer deine Website wiederholt besuchen.

Besucheranalyse-Tools bieten darüber hinaus zahlreiche Zusatzoptionen. Du kannst z.B. herausfinden, mit welchen Geräten deine Website besucht wird. Falls du merkst, dass viele Menschen mit mobilen Geräten wie Tablets oder Smartphones auf deine Website zugreifen, solltest du einen besonderen Fokus auf die mobile Optimierung legen.

Über die Besucheranalyse gelangst du auch an bestimmte, persönliche Details deiner Website-Besucher. Sie zeigt dir, aus welchen Ländern die meisten deiner Besucher sind. Hast du viele fremdsprachige Besucher? Dann kannst du über eine entsprechende Übersetzung deiner Website nachdenken.

 Tipp: Besonders spannend ist die Statistik darüber, welche Beiträge oder Seiten auf deiner Website besonders beliebt sind. Dies ermöglicht es dir, ähnlich geartete Artikel zu erstellen. Vielleicht lässt sich daraus sogar ein Produkt gestalten, das du verkaufen kannst?

Achtung: Da du über Statistik-Tools persönliche Daten von Website-Besuchern sammelst, musst du die Datenschutzbestimmungen nach DSGVO beachten. Bei falscher Einbindung von Analysetools droht eine Abmahnung. Informiere dich deshalb genau, was datenschutzrechtlich zu tun ist, bevor du ein bestimmtes Tool in deine Website einbaust.

5.4. ZUSAMMENFASSUNG DER WICHTIGSTEN LEARNINGS AUS KAPITEL 5

Dieses Kapitel gibt dir einen Ausblick, was außerhalb von WordPress möglich ist, um deine Website in technischer Hinsicht weiter zu optimieren.

Für SEO vorteilhaft ist eine SSL Verschlüsselung. Sie sorgt nicht nur für mehr Sicherheit der übertragenen Daten, sondern wirkt sich auch positiv auf das Suchmaschinen-Ranking aus. Auch datenschutzrechtlich ist eine SSL Verschlüsselung mittlerweile in den meisten Fällen ein Muss.

Um die Indexierung der hinterlegten SEO Informationen zu beschleunigen, registrierst du deine Website bei Google und anderen Suchmaschinen. Damit werden deine SEO Daten sehr zeitnah in den Suchergebnissen berücksichtigt.

Zuletzt empfehlen wir dir die Installation eines Besucheranalyse-Tools auf deiner Website. Verschiedene Statistiken helfen dabei, mehr über das Verhalten der Website-Besucher herauszufinden. Diese Informationen können unter anderem dabei helfen, das Marketing gezielter auszurichten.

Denke daran, dass bei der Einbindung eines Besucheranalyse-Tools die DSGVO zu beachten ist.

6. BONUS-KAPITEL: OPTIMIERUNGEN FÜR WEBINHALTE

Eine technisch und strukturell optimierte Website ist in vielerlei Hinsicht relevant, damit Besucher sich dort über längere Zeiträume aufhalten und effizient durch die verschiedenen Bereiche der Website navigieren. SEO dient zudem als Unterstützung, um eine höhere Reichweite für deine Informationen zu erzielen.

Noch wichtiger als diese Optimierungen sind jedoch die Inhalte, die du auf deiner Website präsentierst und auch darüber hinaus verbreitest. Denn die technisch versierteste Website ist machtlos, wenn es darauf keine relevanten Informationen zu finden gibt, die das Interesse der Besucher auf sich lenken.

Im abschließenden Bonus-Kapitel geben wir dir einen ersten Überblick über die Bereiche "Content" und "Online Marketing" und teilen grundlegende Erfahrungen aus der Praxis mit dir. Wir gehen hier den folgenden Fragestellungen nach:

- Was sind relevante Inhalte und warum rentiert es sich, qualitativ hochwertige Informationen mit Kunden und Interessenten zu teilen?
- Was ist beim Aufbereiten von Inhalten aus Marketing- und SEO-Sicht relevant?
- Wie lassen sich Informationen und Neuigkeiten abseits der Website weiter verbreiten?

Der Bereich Online Marketing für WordPress ist sehr umfangreich. Es gibt zahlreiche Möglichkeiten, um deine Website als starkes Marketing-Tool zu nutzen und du findest vertiefende Inputs dazu in unserem zweiten Buch "Erfolgreich mit WordPress. Blogs & Online Marketing".

Für den Anfang erhältst du hier jedoch weiterführende Ideen, die dich bei deinen Marketing-Überlegungen unterstützen.

6.1. WARUM SICH OPTIMIERTE INHALTE RENTIEREN

Um Interesse bei potenziellen Kunden hervorzurufen, brauchst du in erster Linie interessante Inhalte, die du kommunizieren und verbreiten kannst. Sie decken alle Informationen zum Unternehmen, sowie den angebotenen Produkten und Leistungen ab.

Optimierter Content besteht aus spannenden, relevanten und informativen Inhalten, die durch eine ansprechende, visuelle Aufmachung unterstützt sind. Regelmäßige Neuigkeiten und eine ansprechende Visualisierung sind weitere Voraussetzungen dafür, dass bestehende Kunden und Website-Besucher immer wieder auf dein Unternehmen, deine Website und dein Angebot zurückkommen.

Um Kunden und Interessenten besser und nachhaltiger an dein Unternehmen zu binden, rentiert es sich, wenn deine Inhalte qualitativ hochwertig aufbereitet sind und darüber hinaus einen Mehrwert bieten. Das bedeutet, dass Website-Besucher durch die Rezeption der Inhalte z.B.

- etwas Relevantes lernen.
- etwas Neues erfahren.
- ein Problem lösen können.
- besondere Vorteile erhalten.
- wertvolle, kostenlose Zusatzinformationen bekommen.

Qualitative Inhalte mit Mehrwert zahlen sich aus vielen Gründen aus. Sie helfen z.B. auch dabei, dass du dich langfristig als Experte auf Fachgebieten etablierst, die mit deinem Unternehmen in Zusammenhang stehen.

Menschen kaufen lieber von Unternehmen, denen sie vertrauen. Indem du hochwertigen Content zur Verfügung stellst, baust du dir eine Reputation und Vertrauensbasis gegenüber neuen und bestehenden Kunden auf. Insbesondere bei reinen Online-Unternehmen ist dies ein wichtiger Punkt, da der direkte, persönliche Kontakt fehlt.

Vertrauen Kunden auf die Qualität, werden sie deine Neuigkeiten und Produkte mit einer höheren Wahrscheinlichkeit in Betracht ziehen. Darüber hinaus teilen solche Kunden interessante Inhalte und Angebote verstärkt auch mit anderen Menschen aus ihrem Netzwerk.

Auf diese Weise wächst deine Reichweite abseits von SEO auf organischem Weg und du wirst langfristig noch mehr verkaufen.

6.2. BEST PRACTICES FÜR TEXTMATERIAL

Relevanten Content zu schreiben ist eine Kunst. Um einen professionellen Eindruck zu hinterlassen, ist die grammatikalische Korrektheit deines Textmaterials dafür die grundlegende Voraussetzung.

Doch dies ist erst der Anfang. Denn die Inhalte auf deiner Website müssen auch so formuliert sein, dass sie das Interesse der Leser wecken und über den gesamten Verlauf – z.B. eines Artikels – halten. Es ist also wichtig, dass du Spannung aufbaust und Leser neugierig bleiben auf das, was kommt.

Texte, die nicht nur flüssig und mit Freude zu lesen sind, sondern darüber hinaus schlau auf deine Angebote aufmerksam machen, rentieren sich langfristig.

Darüber hinaus ist auch die Länge des Textmaterials ein wesentlicher Faktor. Bedenke, dass du deinen Besuchern alle wichtigen Informationen lieferst, ohne sie dabei zu überfordern. Sind die Artikel zu lang oder fehlen relevante Informationen, sinkt das Interesse der Leser.

Nicht zuletzt müssen deine Inhalte einzigartig sein. Gesetzlich ist es nicht erlaubt, fremden Content als eigenen auszugeben. Wenn du Texte, Bilder und anderes Material duplizierst oder kopierst, kann dies Strafen zur Folge haben. Auch Suchmaschinen erkennen duplizierte Texte und strafen Kopien mit schlechteren Rankings ab.

Fremdmaterial kannst du nur dann auf deiner Website verwenden, wenn es sich um öffentlich zugängliches Material handelt oder du eine – am besten schriftliche – Erlaubnis des Urhebers hast. Normalerweise musst du zusätzlich auf die Quelle verweisen und eine Verlinkung zum Originalmaterial setzen.

Wenn du Schwierigkeiten mit dem Schreiben hast, empfehlen wir dir, in diesem Bereich mit einem Spezialisten zusammenzuarbeiten. Es ist nicht zielführend, wenn du selbst viel Zeit, Kapazitäten und Energie aufwendest, ohne die gewünschten Resultate zu erzielen.

Insbesondere die Texte auf den Hauptseiten deiner Website sollten zu 100% fehlerfrei und engagiert formuliert sein, damit sie professionell wirken.

6.3. SEO FÜR WEBTEXTE

Am Ende zählen die Leser. Daher ist die Qualität deiner Inhalte immer das Wichtigste. Auch wenn SEO ausgezeichnete Möglichkeiten bietet, um zu einer größeren Reichweite zu gelangen – im Endeffekt sind es die Menschen dahinter, die deine Produkte und Leistungen kaufen.

Schreibe deshalb für Menschen und nicht für eine Suchmaschine. Behalte deine Zielgruppe immer im Auge.

Nicht zuletzt gibt es aber auch bei schriftlichen Inhalten einige Tricks, um Inhalte SEO-konform aufzubereiten. Neben den bereits genannten Methoden – wie das Ausfüllen der SEO Metadaten (siehe Kapitel 2.4) oder die Anpassung der Permalinks (siehe Kapitel 3.4) – gibt es im Bereich Text verschiedene Aspekte zu beachten.

Keywords

Für Webtexte gilt, dass du das Keyword, mit dem du die entsprechende Seite oder einen Blog-Beitrag optimierst, wiederholt auch im Text verwendest. Dabei ist die richtige Balance der wesentliche Aspekt.

Übertreibe es nicht mit der Häufigkeit des Keywords, denn zu viele Wiederholungen ein und desselben Begriffs lassen einen Text langweilig oder übertrieben wirken. Auch Suchmaschinen sind so programmiert, dass sie schriftliche Inhalte, die Lesern keinen Mehrwert bieten und eine reine Aneinanderreihung von Keywords bilden, mit schlechten Rankings bewerten.

Verwendest du das Keyword zu selten, ist die Relevanz für Suchmaschinen zu gering und du wirst ebenfalls kein Top-Ranking erzielen. In der Regel bevorzugen Suchmaschinen aktuell eine Keyword-Dichte von 3%.

 Tipp: Das Plugin Yoast SEO weist dich darauf hin, falls deine Keyword-Dichte zu hoch oder zu niedrig ist. Es gibt dir genaue Anweisungen, wie oft du das Keyword auf der jeweiligen Seite oder im entsprechenden Beitrag verwenden sollst.

Überschriften

Überschriften sind ein wichtiges Element für längere Webtexte. Sie ordnen Inhalte und geben ihnen eine Struktur. Dies erleichtert Lesern den Überblick über einen Gesamttext.

Um eine Überschrift in WordPress zu setzen, reicht es nicht, die jeweilige Textpassage fett und in größerer Schrift darzustellen. Stattdessen musst du eine Überschrift korrekt definieren.

Markiere dazu den entsprechenden Textabschnitt. Öffne das erscheinende Menü und klicke auf das Paragraphen-Zeichen ganz links im Menü. Darin findest du den Punkt "Überschrift".

Eingabe einer Überschrift im WordPress-Backend

In WordPress gibt es insgesamt sechs Ebenen an Überschriften. Überschrift 1 (H1) ist für den Titel des Artikels reserviert.

 Tipp: Verwende H1 nur ein einziges Mal pro Seite oder Beitrag. Es hat einen negativen Einfluss auf das Suchmaschinen-Ranking, wenn du H1 mehrfach auf ein und derselben Seite verwendest.

Erstellst du einen neuen Beitrag auf WordPress, gibst du den Titel ganz oben ein.

Eingabe des Titels (H1)

Alle weiteren Überschriften-Levels von H2 bis H6 verwendest du für Unterüberschriften, um z.B. einen neuen Themenabschnitt einzuleiten.

Verlinkungen

In Kapitel 3.4 haben wir untersucht, wie du die Permalink-Struktur anpassen kannst, um deine Website zu optimieren. Doch zum Thema "Links" gibt es weitere Techniken, die dein Suchmaschinen-Ranking verbessern.

Um eine Verlinkung in WordPress zu machen, markierst du ein Wort, eine Phrase oder einen Satz in deinem Text und klickst im erscheinenden Menü auf das Link-Symbol. Hier gibst du nun die URL der Seite ein, auf die du verlinken möchtest.

Wir verlinken einen anderen Beitrag

Morbi leo risus, porta ac consectetur ac, vestibulum at eros. Cras mattis consectetur purus sit amet fermentum. Curabitur blandit tempus porttitor. Hier ist ein Link. Lorem ipsum dolor sit amet, consectetur adipiscing elit. Morbi le https://osirus.de at eros. Lorem ipsum dolor sit amet, consectetur adipiscing elit.

Cras justo odio, dapibus ac facilisis in, egestas eget quam. Duis mollis, est non commodo luctus, nisi erat porttitor ligula, eget lacinia odio sem nec elit. Und hier ist noch ein Link. Donec ullamcorper nulla non metus auctor fringilla. Donec id elit non mi porta gravida at eget metus. Duis mollis, est non

Eingabe einer Verlinkung in WordPress

Als "interne Verlinkungen" bezeichnet man Links innerhalb deiner eigenen Website. Mit Hilfe interner Verlinkungen zeigst du Lesern, wie einzelne Beiträge auf deiner Website zusammenhängen. Eine sinnvolle interne Verlinkung wird auch von Suchmaschinen wahrgenommen und trägt zu einem besseren Ranking bei.

Unter "externen Verlinkungen" versteht man Links, die auf eine fremde Website führen. Sie haben eine Auswirkung auf deine eigene SEO und verbessern auch das Ranking der fremden Website.

Mit Hilfe externer Links bietest du Website-Besuchern ohne großen Aufwand wertvolle Zusatzinformationen. Deshalb werden sie mittlerweile auch von Suchmaschinen registriert und beeinflussen dein Ranking.

Gesonderte gesetzliche Regelungen gibt es für sogenannte "Affiliate Links". Dabei handelt es sich um Verlinkungen, über die du eine Provision von einem externen Verkäufer erhältst. Das Gesetz verlangt, dass du jeden Affiliate Link gesondert als Werbung kennzeichnest.

Verlinke nur Beiträge, die themenrelevant sind oder weiterführende Informationen zu deinem eigenen Content beinhalten. Links zu ähnlichen Themen werden von Suchmaschinen als hochwertig eingestuft, weil sie Website-Besucher dabei unterstützen, die Zusammenhänge verschiedener Informationen und Websites besser zu verstehen.

 Tipp: Achte darauf, dass sich neue Seiten immer in einem separaten Fenster öffnen, wenn du extern verlinkst. Damit sorgst du dafür, dass ein Besucher gleichzeitig auch auf deiner Website verweilt, während die externe Seite geöffnet wird. In WordPress klickst du dafür beim Einfügen eines Links auf den Pfeil ganz rechts im erscheinenden Menü und aktivierst die Funktion "In neuem Tab öffnen".

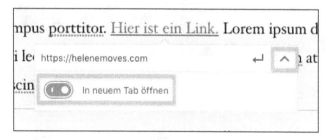

Einstellung "In neuem Tab öffnen"

Was du bei deiner Verlinkung auf jeden Fall vermeiden solltest, sind sogenannte "Broken Links". Dabei handelt es sich um kaputte Links, die nicht mehr funktionieren und ins Leere weisen.

Broken Links bedeuten für Suchmaschinen, dass deine Website nicht mehr aktuell ist oder dass etwas nicht mehr funktioniert. Das Ranking deiner Website wird dadurch negativ beeinflusst.

Auch machen kaputte Verlinkungen einen schlechten Eindruck auf Website-Besucher.

6.4. SEO FÜR BILDMATERIAL

Zum Bereich "Content" zählen auch Visualisierungstechniken in Form von Bildern, Grafiken und Videos. Sie sind heute wichtiger denn je. Neben der regulären Keyword-Suche wird aktuell auch die Bildersuche auf Google & Co. immer relevanter.

Mit Hilfe von themenrelevanten Bildmaterial werden deine Artikel einfacher und besser lesbar. Davon abgesehen hat es einen positiven Einfluss auf das Ranking deiner Website, wenn Bilder und Grafiken SEO-konform aufbereitet sind.

Hinterlegst du SEO Daten für Bilder, erhöht sich auch die Chance, dass diese bei einer Bildersuche weit oben in den Suchergebnissen erscheinen und schneller sichtbar werden. Klickt eine Person auf dein Bild, gelangt sie auf deine Website, was einen höheren Traffic zur Folge hat. Auch so erreichst du weitere, potenzielle Kunden.

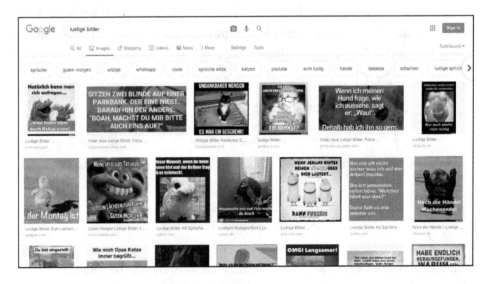

Beispiel für eine Bildersuche auf Google

Bei der SEO für Bildmaterial gibt es ein wesentliches Detail zu beachten. Du musst wissen, dass Suchmaschinen-Roboter Bilder nicht sehen, sondern nur lesen können. Dies bedeutet, dass sie nur solche Informationen verarbeiten, die in Textform zu einem Bild hinterlegt sind.

Bildtitel vor dem Hochladen optimieren

Wie gehst du bei der SEO für Bilder und Grafiken vor? Im ersten Schritt der Optimierung passt du den Dateinamen deines Bildes an. Dafür änderst du die Dateibezeichnung, bevor du es in die WordPress Mediathek hochlädst.

Benenne das Bild mit dem Keyword für die entsprechende Seite oder den Beitrag, unter dem es später auf deiner Website erscheinen wird. Zusätzlich kannst du weitere, relevante Informationen hinzufügen, wie z.B. den Namen deines Unternehmens oder den Titel des Blog-Beitrags.

Auf diese Weise gibst du den Suchmaschinen einen ersten Hinweis auf den Inhalt des Bildes. Ähnlich wie bei Permalinks (siehe Kapitel 3.4) sind dies wichtige Informationen für Suchmaschinen, die dann auch in der URL des Bildes auftauchen.

Benennung eines Bildes mit Keywords und Blog-Titel

 Tipp: Ist dein Bild in WordPress hochgeladen, lässt sich der Dateiname und damit auch die URL nicht mehr ändern. Um einen einzigartigen Link mit Keyword für dein Bild zu kreieren, musst du den Dateinamen also im Vorhinein anpassen.

Alt-Text hinterlegen

Im zweiten Schritt lädst du dein bearbeitetes Bild in die WordPress Mediathek hoch. Sobald das Bild dort erscheint, siehst du auf der rechten Seite einen Abschnitt, in dem sich verschiedene Informationen hinterlegen lassen.

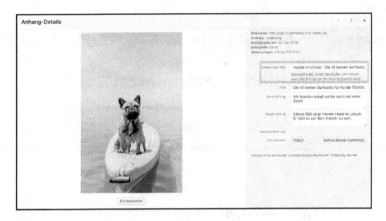

Beispiel für ein hochgeladenes Bild in der WordPress Mediathek

Hier ist vor allem der "Alternative Text" – oft nur "Alt-Text" genannt – ausschlaggebend für die SEO. Er beinhaltet jene schriftlichen Informationen, die später von Suchmaschinen gelesen werden.

Die in dieser Einstellung verfügbare Funktion mit der Bezeichnung "Titel" wird hauptsächlich für die interne WordPress-Verwaltung benötigt und hat auf SEO keine Auswirkung. Um einen übersichtlichen Überblick über dein Bildmaterial zu erhalten, kannst du hier z.B. den Beitragstitel eingeben, damit du dein Bild schneller zuordnen kannst, wenn du dich zukünftig durch das Bildmaterial in deiner Mediathek klickst.

Tipp: Um eine bessere Ladezeit (siehe Kapitel 4.4) zu erzielen, macht es Sinn, deine Mediathek von Zeit zu Zeit zu überprüfen, um altes Bildmaterial zu entfernen. Sind deine Bildtitel übersichtlich benannt, weißt du auf einen Blick, wo auf deiner Website ein bestimmtes Bild in Verwendung ist und ob der entsprechende Content noch relevant ist oder entfernt werden sollte.

Verwendest du ein und dasselbe Bild an unterschiedlichen Stellen auf deiner Website, hast du die Möglichkeit, den Alt-Text auf jeder Seite bzw. in jedem Beitrag individuell anzupassen. Dazu fügst du das Bild zuerst auf der gewünschten Seite ein und öffnest dann die Bild-Einstellungen in der rechten Seitenleiste. Dort lässt sich der Alt-Text individuell ändern.

Änderung des Alt-Textes über die Bildeinstellungen auf einer Unterseite

6.5. WEITERFÜHRENDE TIPPS ZUR VERBREITUNG VON INHALTEN

Neben deiner Website stehen dir eine Vielzahl an anderen Kanälen zur Verfügung, über die sich Inhalte verbreiten lassen.

Einige davon helfen wiederum, mehr Traffic auf deine Website zu lenken. Hier geben wir dir abschließend eine kurze Übersicht über unterschiedliche Distributionskanäle.

Blog

Integriere einen Blog auf deiner Webseite, wenn du die Möglichkeit und Kapazitäten dazu hast. Regelmäßige Neuigkeiten auf deiner Website sind nicht nur für wiederkehrende Besucher interessant.

Suchmaschinen sehen dies als Garant, dass du Kunden und Interessenten mit aktuellen Inhalten und Updates einen zusätzlichen Service bietest und belohnen deine Website mit besseren Rankings.

Blog-Beiträge eignen sich sich außerdem perfekt zu einer Verlinkung über Social Media oder in einem Newsletter.

Newsletter

Ein regelmäßiger Newsletter versorgt bestehende Kunden, Interessenten und persönliche Kontakte mit Neuigkeiten und aktuellen Angeboten. Du kannst damit zusätzliche Inhalte – wie z.B. aktuelle Blog-Beiträge oder Links zu bestimmten Informationen auf deiner Website – promoten.

E-Mail-Newsletter landen leider oft im Werbe- oder Spam-Ordner deiner Kunden. Trotzdem ist der Newsletter unserer Erfahrung nach das wirkungsvollste Marketing-Tool für bestehende Kunden und persönliche Kontakte.

Online gibt es eine Vielzahl an Newsletter-Programmen, wobei diese in der Regel bezahlbare Services sind. Unsere Favoriten findest du in der Linkliste.

Achtung: Beachte bei deinen Newsletter-Aktivitäten die DSGVO. Für die Newsletter-Anmeldung musst du u.a. die Einwilligung aller Empfänger einholen.

Social Media

Neben sozialen Netzwerken – wie z.B. Facebook – eignen sich die Business-Netzwerke Xing oder LinkedIn für eine Präsenz. Teile dort Neuigkeiten zu deinen Aktivitäten in Form von Postings und Links.

Hervorragend eignen sich auch Bilder- und Videokanäle wie Instagram, Vimeo oder YouTube, sowie Interessensplattformen (z.B. Pinterest) oder das Nachrichten-Netzwerk Twitter. Auch hier sind unter Umständen bestimmte Regelungen im Sinne der DSGVO zu beachten.

 Tipp: Recherchiere die Eigenschaften und Charakteristiken der Besucher, welche die unterschiedlichen Social-Media-Kanäle regelmäßig besuchen. Du kannst z.B.die Altersgruppen, Interessen, Wohnorte oder das Geschlecht untersuchen. Triff auf Grundlage deiner Recherchen eine Auswahl jener Social-Media-Kanäle, die sich für dein Unternehmen und seine Zielgruppe am besten eignen.

Offline Marketing

Vergiss nie auf Marketingaktivitäten abseits des Internets. Beispiele dafür sind Flyer und Visitenkarten, die sich einfach verteilen und hinterlegen lassen. In Word oder einem anderen Schreibprogramm kannst du dir außerdem ein Firmen-Briefpapier anlegen. Hältst du viele Präsentationen, erstellst du dir am besten ein eigenes Firmendesign, wie z.B. über den Folienmaster in PowerPoint.

Dies ist nur eine minimale Auswahl an Möglichkeiten, die dir im Bereich Offline Marketing zur Verfügung stehen.

6.6. ZUSAMMENFASSUNG DER WICHTIGSTEN LEARNINGS AUS KAPITEL 6

Relevanter Content ist das Kernelement, um ein effektives Online Marketing zu betreiben. Er setzt sich aus textlichen Inhalten und einer damit kombinierten, visuellen Aufmachung zusammen.

Regelmäßiger, aktueller und interessanter Content ist ausschlaggebend dafür, dass Interessenten und potenzielle Kunden deine Informationen aufnehmen und nachhaltig an dein Unternehmen gebunden werden.

Achte auf die grammatikalische Korrektheit deiner Website. Die schriftlichen Inhalte sollen darüber hinaus so formuliert sein, dass sie das Interesse der Leser halten und für Spannung und Neugier sorgen.

Außerdem gibt es für Textmaterial einige SEO-Tricks. Neben einer wiederholten Verwendung des Keywords im Text verbessert insbesondere SEO für Überschriften und Verlinkungen dein Ranking.

Neben den textlichen Inhalten wird Bildmaterial im Internet immer wichtiger. Auch dieses lässt sich mit Hilfe von SEO anpassen, indem du den Dateinamen des Bildes vor dem Hochladen anpasst und im WordPress-Backend einen Alt-Text hinterlegst.

Bedenke, dass es neben der Website eine Vielzahl an weiteren Möglichkeiten gibt, um Inhalte und Informationen zu verbreiten. So sind z.B. Blog, Newsletter, Social Media und Offline Marketing Distributionskanäle, die sich geschäftlich nutzen lassen.

Du bist nun am Ende unseres Praxis-Buches angekommen. Wir sind davon überzeugt, dass dich eine technisch und strukturell optimierte Website dabei unterstützt, nachhaltige Erfolge im Geschäftsleben zu erzielen. Setzt du die in diesem Buch Buch genannten Punkte – eventuell mit Unterstützung durch Experten – um, hast du einen großen Schritt zur Optimierung deiner Website gemacht.

Bedenke jedoch: Technische Verbesserungen sind gut, aber deine Produkte und Leistungen sind am wichtigsten. Was am Ende zählt, ist, dass du Website-Besuchern relevante Angebote, interessante Inhalte und hilfreiche Lösungen anbietest. Die schnellste und technisch beste Website verliert an Bedeutung, wenn es darauf keine spannenden Informationen zu finden gibt.

Es wird darüber hinaus immer weitere Aspekte geben, die sich auf deiner Website anpassen und optimieren lassen. Gleichzeitig gibt es in WordPress, bei der SEO und auch in anderen Bereichen im Laufe der Zeit regelmäßig Änderungen und Updates. Wir wünschen uns deshalb, dass dich die hier gesammelten Praxistipps motivieren, flexibel und offen zu bleiben.

Du hast in diesem Buch außerdem bereits einen Eindruck bekommen, warum interessanter Content, SEO und andere Online-Marketing-Maßnahmen wertvolle Unterstützung bieten, um einen höheren Traffic und eine größere Reichweite für deine Angebote zu erzielen.

Wertvolle Inhalte zu erstellen, geeignete Keywords zu identifizieren und die richtigen Online-Marketing-Aktivitäten zu setzen ist nicht immer einfach. Um dich bestmöglich dabei zu unterstützen, widmet sich unser zweites Buch "Erfolgreich mit WordPress. Blogs & Online Marketing" dem großen Bereich Online Marketing.

Es hilft dir dabei, mehr Kunden gezielt anzusprechen und zu erreichen. In unserem zweiten Buch erwartet dich detailliertes Wissen dazu, wie du

- deine WordPress Website als Marketinginstrument einsetzt und so schneller mehr Kunden erreichst.
- bestehende und neue Kunden mit Online-Marketing-Maßnahmen an dein Unternehmen bindest.
- dies ohne großen finanziellen Aufwand erzielst.

Jetzt hoffen wir jedoch erstmals, dass unser Praxiswissen rund um die strukturelle und technische Optimierung dir eine Basis bietet, um mit einer technisch professionellen und einwandfreien WordPress Website zu überzeugen.

War dieses Buch hilfreich für dich? Dann freuen wir uns über eine Bewertung auf jener Plattform, über die du das Buch gekauft hast. Gerne helfen wir dir auch persönlich, wenn du weitere Unterstützung zu WordPress, Webinhalten oder Online Marketing brauchst. Kontaktiere uns jederzeit unter wissen@osirius.de, wenn du mit uns zusammenarbeiten möchtest.

Gibt es Menschen in deinem Umfeld – z.B. Businesspartner oder andere Unternehmer – die unsere Unterstützung benötigen könnten? Dann erzähle ihnen von uns und unserem Buch. Je mehr Menschen und Unternehmen wir gemeinsam dabei helfen erfolgreich zu sein, umso besser!

Es ist uns ein Anliegen, die Inhalte dieses Buches kontinuierlich zu verbessern, damit wir dir und anderen optimal helfen können. Wenn du weitere Fragen, Verbesserungsvorschläge oder Feedback zu den Inhalten dieses Buches hast, freuen wir uns ebenfalls sehr, wenn du uns eine Nachricht an wissen@osirius.de sendest.

Viel Freude und Erfolg beim Umsetzen des gelernten Wissens wünschen dir Helene und Natha.

SEO CHECKLISTE ZUM AUSSCHNEIDEN & AUFHÄNGEN

Hier findest du unsere Top 7 SEO Checkliste, welche du ganz bequem ausschneiden und bei dir aufhängen kannst. Sie gibt dir eine perfekte Übersicht über die 7 wichtigsten Praxisschritte auf einen Blick, um eine größere Reichweite deiner Website und mehr Kunden zu erreichen. So hast du alles immer im Blick, wenn du an deiner Website arbeitest!

Zusätzlich steht dir die Checkliste auch kostenlos als Download auf unserer Website bereit, damit du diese selber ausdrucken kannst. Du findest diese auf **osirius.de/de/erfolgreich-mit-wordpress**.

ERFOLGREICH MIT
WORDPRESS
SEO CHECKLISTE

1 TECHNISCHE EINSTELLUNGEN

Insbesondere für potenzielle Kunden und Interessenten ist es wichtig, dass deine Website einen professionellen, ersten Eindruck vermittelt. Aspekte wie Design, die Darstellung von Inhalten und Sicherheit sind dafür wesentlich.

- ☐ responsive Design
- ☐ SSL Verschlüsselung
- ☐ regelmäßige Aktualisierung
- ☐ Suchmaschinen-Indexierung
- ☐ Website-Untertitel anpassen
- ☐ Beispieltexte, Platzhalter, Standard-Plugins & Widgets entfernen

#1 KAPITEL 1 & 5

2 STRUKTUR & AUFBAU

Sorge dafür, dass Besucher reibungslos durch deine Website navigieren und sich gut zurechtfinden. Die besten Inhalte sind nutzlos, wenn Kunden keinen optimalen Zugriff darauf haben.

- ☐ Verbesserung der Menüstrukturen
- ☐ optimierter Aufbau der Startseite
- ☐ angepasste Permalink-struktur

#1 KAPITEL 3

3 LADEZEIT

Niemand wartet ewig darauf, dass eine Website geladen wird. Dauert das Laden lange, werden sich potenzielle Kunden verstärkt bei der Konkurrenz informieren und deine Website nicht in Betracht ziehen.

- ☐ Bildmaterial auf Qualität & Auflösung anpassen
- ☐ Datenbank aufräumen
- ☐ Caching & Code optimieren
- ☐ Hosting überprüfen

#1 KAPITEL 4

4 KEYWORDS

Damit deine WordPress Website von potenziellen Kunden schneller, besser und leichter in Google & Co. gefunden wird, musst du sogenannte Keywords (Schlüsselbegriffe) im Backend hinterlegen.

- ☐ geeignete Keywords finden & auswählen
- ☐ SEO Metadaten auf der Website hinterlegen
- ☐ Permalinks anpassen

#2 KAPITEL 2, 3 & 4   #1 KAPITEL 2

5 WEBINHALTE

Goldene SEO-Regel: Stelle Inhalte in hoher Qualität auf deiner Website bereit und sorge dafür, dass die Informationen einen Mehrwert für Kunden bieten. Mit gezielten SEO-Maßnahmen verbessert sich darüber hinaus das Suchmaschinen-Ranking.

- ☐ korrekte & kreative Webtexte schreiben
- ☐ Keyword verwenden
- ☐ Verlinkungen setzen
- ☐ SEO für Bildmaterial anwenden

#2 KAPITEL 5 & 6

6 BLOG

Ein hochwertiger Blog sorgt dafür, dass bestehende Kunden wiederholt auf deine Website zurückkommen. Für Neukunden ist er oft auch ein Qualitätsmerkmal. Mit einem SEO-konformen Blog lässt sich regelmäßig mehr Traffic auf deine Website lenken.

- ☐ regelmäßige & relevante News
- ☐ Beiträge SEO-konform gestalten
- ☐ Blog kategorisieren

#2 KAPITEL 1 & 7

7 OFF-PAGE SEO & ANDERE KANÄLE

Mit Off-Page SEO werden deine Inhalte von fremden Webportalen geteilt. Darüber hinaus lassen sich auch andere Marketingkanäle nutzen, um zusätzliche, potenzielle Kunden zu erreichen.

- ☐ Gastbeiträge auf themen-relevanten Websites
- ☐ auf anderen Blogs, Plattformen & in Foren kommentieren
- ☐ auf Social Media posten
- ☐ einen Newsletter führen
- ☐ Offline Marketing betreiben

#2 KAPITEL 8

Die Schritte 1 bis 4 lernst du in Buch **#1 TECHNIK EDITION**
Die Schritte 4 bis 7 lernst du in Buch **#2 MARKETING EDITION**

LINKLISTE

Hinweis: Unsere Linkliste soll dir als erster Anhaltspunkt dienen, wenn du auf der Suche nach einem bestimmten Tool oder Plugin bist. Es handelt sich dabei um persönliche Empfehlungen der Autoren.

1. Plugins

Plugin zur Suchmaschinenoptimierung (SEO)

- Yoast SEO – yoast.com/wordpress/plugins/seo/: Mit Yoast SEO lassen sich SEO Metadaten schnell, einfach und korrekt auf WordPress Websites hinterlegen.

Plugins zur Überprüfung und Anpassung der Links auf deiner Website

- Broken Link Checker – wordpress.org/plugins/broken-link-checker/: Plugin zur Überprüfung der kaputten Links auf einer WordPress Website.
- de_DE – wordpress.org/plugins/de_de/: Plugin, das die deutsche Sprache in Permalinks automatisch so anpasst, damit diese keine Umlaute, Sonderzeichen etc. enthalten.

Plugins zum Optimieren von Bildmaterial

- ShortPixel Plugin – de.wordpress.org/plugins/shortpixel-image-optimiser/
- EWWW Image Optimizer – wordpress.org/plugins/ewww-image-optimizer/
- TinyPNG – wordpress.org/plugins/tiny-compress-images/
- Simple Image Sizes – wordpress.org/plugins/simple-image-sizes/
- Resize Image After Upload – wordpress.org/plugins/resize-image-after-upload/
- Regenerate Thumbnails – wordpress.org/plugins/regenerate-thumbnails/

Plugin zur Aufräumung der Datenbank

- WP-Optimize – wordpress.org/plugins/wp-optimize/

Plugins zur Verbesserung des Cachings

- Autoptimize – wordpress.org/plugins/autoptimize/
- WP Super Cache – wordpress.org/plugins/wp-super-cache/
- W3 Total Cache – wordpress.org/plugins/w3-total-cache/
- WP Rocket – wp-rocket.me: Premium-Plugin, das nicht kostenfrei ist.

Plugins zur Optimierung von Website-Code

- Remove Query Strings From Static Resources – wordpress.org/plugins/remove-query-strings-from-static-resources/
- Use Google Libraries – wordpress.org/plugins/use-google-libraries/

Plugin zur Reduktion von Spam-Kommentaren im Blog-Bereich

- Antispam Bee – de.wordpress.org/plugins/antispam-bee/

2. Tools

Tools für die Keyword-Recherche

- Google Keyword-Planer – Dafür brauchst du einen Google-Account, mit dem du dich auf ads.google.com einlogst. Auf dem Blog von osirius.de findest du alle weiteren Instruktionen, um den Google-Keyword-Planer kostenlos zu nutzen (osirius.de/de/google-keyword-planer-kostenlos-nutzen/).
- KWFinder – kwfinder.com
- MOZ Keyword Explorer – moz.com/explorer
- Searchmetrics – suite.searchmetrics.com/de/research
- AnswerThePublic – answerthepublic.com: AnswerThePublic eignet sich besonders gut für die Recherche von Long-Tail Keywords.

Besucheranalyse-Tools

- Google Analytics – analytics.google.com/analytics/web/
- Matomo – matomo.org
- etracker – www.etracker.com
- Hotjar – www.hotjar.com

Tools für Newsletter

- MailChimp – mailchimp.com: Bei kleinen Empfängerlisten kann MailChimp kostenlos verwendet werden.
- CleverReach – www.cleverreach.com/de/
- GetResponse – www.getresponse.com/
- Newsletter2Go – www.newsletter2go.de/
- ActiveCampaign – www.activecampaign.com/

Social Media Management Tools

- Buffer – buffer.com
- Hootsuite – hootsuite.com
- Spokal – http://www.getspokal.com

Übersetzer, Rechtschreib- und Grammatik-Tools

- LanguageToolPlus – languagetoolplus.com: Rechtschreib - und Grammatikprüfung für die deutsche Sprache.
- Hemingway Editor – http://www.hemingwayapp.com: Rechtschreib- und Grammatik-Tool für englische Texte.
- Deepl Übersetzer – www.deepl.com/translator: Übersetzungstool, das von und in alle wichtigen Sprachen übersetzt.

Tools zur Überprüfung & Optimierung der Ladezeit

- GTmetrix – gtmetrix.com
- Google PageSpeed Insights – developers.google.com/speed/pagespeed/insights/

- Pingdom Website Speed Test – tools.pingdom.com
- WebPageTest – www.webpagetest.org

3. Links zu Stockfoto-Agenturen für Bildmaterial

- Depositphotos – de.depositphotos.com: Depositphotos hat eine große Datenbank von Bildern, Vektorgrafiken und Videos.
- Shutterstock – www.shutterstock.com/de/: Shutterstock bietet mehr als 125 Millionen lizenzfreie Bilder, Videos und auch Musiktitel.
- Getty Images – www.gettyimages.de: Auch auf Getty Images findest du Bilder und auch eine große Auswahl an Videos.

4. Links zu Creative Commons für Bildmaterial

- Alle wichtigen Informationen zu Creative Commons und den verschiedenen Lizenzen findest du unter creativecommons.org.
- Unsplash – unsplash.com: Sämtlicher Bilder auf Unsplash laufen unter der CC0 Lizenz.
- Pixabay – pixabay.com: Auch auf Pixabay sind alle Bilder mit einer CC0 Lizenz freigegeben. Außerdem bietet Pixabay eine große Auswahl an Vektorgrafiken, Illustrationen und Videos.
- Pexels – www.pexels.com: Auf Pexels findest du weitere Bilder mit CC0 Lizenz. Das Portal liefert täglich neue Bilder.
- Startup Stockphotos – startupstockphotos.com: Bist du auf der Suche nach Bildern aus dem Bereich Start-Up oder Business, ist dies eine Seite eine gute Anlaufstelle. Auch hier findest du Bilder unter der CC0 Lizenz. Leider lassen sich die Bilder nicht filtern, deshalb musst du hier alle Bilder durchscrollen, bis du etwas Passendes gefunden hast.
- Negative Space – negativespace.co: Diese Website bietet ebenfalls eine große Auswahl an Bildern mit CC0 Lizenz.
- Gratisography – gratisography.com: Gratisography ist das private Projekt des Fotografen Ryan McGuire. Er fügt hier wöchentlich neue Bilder hinzu, die ebenfalls unter der CC0 Lizenz laufen.

5. Weitere Links

WordPress Support in deutscher Sprache

- de.wordpress.org/support/

Hilfestellung zu rechtlichen Belangen im Internet

- easyrechtssicher.de – Für deine rechtssichere Website: Tipps und Tricks, sowie ein WordPress Plugin für deine Datenschutzerklärung
- www.e-recht24.de – Alles rund um Recht und Gesetze in der digitalen Welt
- irights.info/ – Alles rund um das Urheberrecht im Internet

Unternehmensverzeichnisse zum Eintragen der eigenen Firma

- www.webwiki.de
- www.gelbeseiten.de
- city-map.com/de

Bezug von kostenlosen SSL Zertifikaten

- letsencrypt.org
- www.sslforfree.com

LEXIKON DER WICHTIGSTEN BEGRIFFE

A

Affiliate Marketing: Promotion von Produkten oder Leistungen Dritter auf der eigenen Website. Über einen Link (dem sogenannten Affiliate Link) werden eigene Kunden zur Verkaufsseite der dritten Partei weitergeleitet. Kauft ein Kunde das vorgestellte Produkt über den Affiliate Link, erhält der Promoter eine Provision vom Verkäufer.

Alternativtext (Alt-Text): Kurzer Text, der es Suchmaschinen ermöglicht, die Inhalte eines im Internet hochgeladenen Bildes zu erkennen. Der Alt-Text ist besonders relevant für die SEO von Bildern und Grafiken.

B

Backend: Admin-Bereich deiner WordPress Website, in dem du die Website verwaltest.

Backlink: Referenz in Form eines Links von einer fremden Website auf die eigene Website oder umgekehrt von der eigenen auf eine fremde Website.

Besucheranalyse: Statistiken, die über die Anzahl und Charakteristik der Besucher einer Website Aufschluss geben.

Blogger: Unternehmer, der seine Einnahmen über einen professionellen Blog generiert.

Bounce Rate (Absprungrate): Gibt an, wie viel Prozent der Besucher eine Website verlassen, nachdem sie nur auf eine einzige Unterseite geklickt haben. Eine hohe Bounce Rate bedeutet, dass viele Menschen die Website nach nur einem Klick wieder verlassen.

Broken Link: Kaputter Link. Darunter versteht man einen Link, der nicht mehr funktioniert und ins Leere verlinkt.

C

Caching: Bezeichnet den Prozess, mit dem bestimmte Daten einer Website zwischengespeichert werden. Dadurch müssen die Daten nicht jedes Mal vom Ursprung bis zu einem einzelnen Besucher deiner Website übertragen werden. Stattdessen stehen sie über Zwischenspeicher direkt zur Verfügung.

Content: Inhalte einer Website in Form von Text- und Bildmaterial.

Content Delivery Network (CDN): Netzwerk an Server, das die Speicherung und Verbreitung von großen Dateien und Inhalten effizient verwaltet. Ein CDN lässt sich verwenden, um z.B. viele und große Mediendateien auf Websites darzustellen.

Content Management System (CMS): Ein CMS (auf Deutsch "Inhaltsverwaltungssystem") ist eine Software, mit der Inhalte gemeinsam erstellt, bearbeitet und verwaltet werden.

Creative Commons: Organisation, die Lizenzverträge für Bilder, Texte, Videos, Unterrichtsmaterial u.a. veröffentlicht. Mit Hilfe dieser Lizenzen können Urheber von Werken festlegen, wie und unter welchen Bedingungen ihre Werke geteilt und vermarktet werden dürfen, ohne dass dafür eine Lizenzgebühr fällig wird.

D

Dashboard: Bietet einen Überblick über alle wichtigen Daten und Funktionen im Backend der WordPress Website.

Domain: Einmaliger und eindeutiger Name einer Website. Der Domain-Name entspricht der Internetadresse einer Website.

DSGVO (Datenschutz-Grundverordnung): Einheitlicher EU-Rechtsrahmen für die Speicherung und Verarbeitung personenbezogener Daten. Speicherst du über deine Website, ein Newsletter-Programm oder andere Kanäle die Daten von Kunden und Interessenten, ist es wichtig, dass du die Regelungen der DSGVO dabei einhältst.

E

Elevator Pitch: Der Elevator Pitch war ursprünglich eine Idee amerikanischer Vertriebskräfte mit dem Ziel, Kunden, Chefs oder Investoren während der Dauer einer Aufzugsfahrt ("Aufzug"

= engl. "elevator") von ihrer Idee zu überzeugen. Da die Fahrt im Aufzug kaum länger als eine Minute dauert, müssen bei einem Elevator Pitch alle wichtigen Informationen in diesem Zeitfenster zum Ausdruck gebracht werden. Neben einer kurzen Vorstellung geht es darum, die Vorteile und den Mehrwert des Projekts herauszustreichen. Darüber hinaus soll die Begeisterung der Zuhörer geweckt werden, um diese von der Idee zu überzeugen.

F

Follower: Menschen, die Beiträgen und Seiten auf Social Media folgen.

Footer: Unterer Bereich einer Website. Der Footer lässt sich mit Informationen befüllen, die – je nach Einstellungen – auf jeder Unterseite deiner Website angezeigt werden. Im Footer befinden sich typischerweise z.B. die Kontaktdaten eines Unternehmens oder Links zu Impressum und Datenschutz.

Frontend: Bereiche einer Website, die Internetbesucher sehen können, wenn sie eine Website aufrufen.

G

Gutenberg Editor: Der WordPress Gutenberg Editor ist ein neuer Editor, mit dem seit der Version WordPress 5.0 Seiten und Blog-Beiträge bearbeitet werden.

H

Header: Mit Header bezeichnet man den oberen Bereich einer Website. Dieser ist in der Regel auf allen Unterseiten gleich. Informationen, die sich im Header einer Website befinden können, sind z.B. das Unternehmenslogo, Kontaktdaten oder Links zu besonders wichtigen Informationen.

Hosting: Damit eine Website online gestellt werden kann und das ganze Jahr über erreichbar ist, wird ein Server benötigt. Spezialisierte Anbieter vermieten solche Server gegen Bezahlung. Diesen Prozess nennt man Hosting.

I

Indexierung: Begriff, der bedeutet, dass eine Website in den Suchmaschinen sichtbar ist. Ist eine Website indexiert, kann sie von Internetbesuchern z.B. über eine Google-Suche gefunden werden. Sie erscheint dann in den Suchergebnissen.

K

Kategorie: Funktion für den Blog-Bereich einer WordPress Website. Damit lässt sich ein Blog in verschiedene Themenbereiche unterteilen, sodass sich Leser besser zurecht finden. Mit Kategorie-Archiv werden jene Unterseiten einer Website bezeichnet, auf denen alle Blog-Beiträge in einer einzelnen Kategorie angezeigt und aufgelistet werden. WordPress erstellt diese Seiten automatisch.

Keyword: Begriffe oder Wörter, die den Inhalt einer Website beschreiben und nach denen Internetbesucher in den Suchmaschinen suchen. Short-Tail Keywords bestehen aus ein bis drei Begriffen. Long-Tail Keywords hingegen setzen sich aus mehr als drei Begriffen zusammen.

L

Ladezeit: Damit bezeichnet man die Zeit, die es dauert, bis eine Website dem Besucher vollständig angezeigt wird. Im Idealfall sollte sie nicht länger als 1 bis 2 Sekunden sein.

Landingpage: Bei einer Landingpage handelt es sich um eine spezielle Verkaufsseite für Produkte oder Leistungen.

Lead: Beschreibt im Marketing eine Kontaktanbahnung mit einem potenziellen Interessenten. Ein qualifizierter Lead bedeutet, dass es sich dabei um einen Kunden aus der konkreten Zielgruppe handelt oder dass ein potenzieller Kunde sein Interesse an einem Angebot bekräftigt (aber noch nicht kauft).

P

Permalink: Ein Permalink entspricht einem Link zu einer Unterseite oder einem Blog-Beitrag auf einer Website in Form einer URL.

Plugin: Software-Komponente bzw. kleines Programm, das eine bestehende Software erweitert, ergänzt oder verändert.

Q

Quelltext (Quellcode): Damit bezeichnet man den Code (oder die Programmierung) eines Computerprogramms oder einer Website.

R

Ranking: Position einer Website in den Suchmaschinen-Ergebnissen. Ein hohes Ranking bedeutet, dass eine Website in den Suchmaschinen-Ergebnissen an einer vorderen Stelle erscheint.

Reichweite: Beschreibt, ob viele oder wenige Internetbesucher über eine bestimmte Online-Marketing-Aktivität erreicht werden (hohe/niedrige Reichweite).

Responsive Design: Eine Website mit Responsive Design passt die inhaltliche Darstellung automatisch an die Bildschirmgröße des Gerätes an, mit dem eine Website besucht wird.

S

Schlagwort (Tag): Funktion für Stichworte im Blog-Bereich einer WordPress Website. Als Ergänzung zur Kategorien-Funktion können Blog-Artikel damit weiter strukturiert und in unterschiedliche Themenbereiche gegliedert werden.

Search Engine Marketing (SEM) oder Search Engine Advertising (SEA): Bezahlte Online-Werbemaßnahmen.

SEO (Search Engine Optimization; Suchmaschinenoptimierung): Alle Methoden, die Websites und Blogs so optimieren, damit diese in Suchmaschinen schneller, besser und leichter aufgefunden werden. On-Page SEO beschreibt Techniken, die auf der eigenen Website umgesetzt werden können. Mit Off-Page SEO bezeichnet man die Suchmaschinenoptimierung mit Hilfe externer Quellen. Local SEO ist eine Art der Suchmaschinenoptimierung, die Bezug auf lokale oder geographische Gegebenheiten (z.B. den Standort eines Unternehmens) nimmt.

SEO Metadaten: Informationen, die Suchmaschinen als Ergebnis anzeigen, wenn Menschen im Internet nach etwas suchen.

Server: Computerprogramm oder Computer, der Funktionalitäten wie Daten, Ressourcen oder bestimmte Dienstprogramme bereitstellt, damit Benutzer anderer Computer oder Programme darauf zugreifen können. Die Verbindung wird meist über ein Netzwerk hergestellt.

Sidebar: Schmaler Bereich auf einer Website, der sich normalerweise links oder rechts neben dem Hauptbereich befindet. Die Sidebar kann genutzt werden, um z.B. bestimmte Produkte eines Online-Shops hervorzuheben oder um zu interessanten Informationen oder Blog-Artikel zu verlinken.

Sitemap: "Landkarte" einer Website. Damit bezeichnet man eine Datei oder Unterseite einer Website, die die einzelnen Unterseiten auflistet. Oft enthält die Sitemap auch eine Liste aller Blog-Artikel.

SSL (Secure Sockets Layer): Ein SSL Zertifikat verschlüsselt die Kommunikation von Daten, die von einem Computer an einen Server gesendet werden. Dabei authentifiziert es die Kommunikationspartner und stellt sicher, dass die Datenübertragung von einer originalen Quelle erfolgt. Darüber hinaus sorgt es für eine verschlüsselte "Ende-zu-Ende"-Datenübertragung und garantiert, dass übertragene Daten komplett und ohne Änderungen (z.B. durch Hacking) sind.

Startseite (Homepage): Mit "Startseite" bezeichnet man jene Seite eines Web-Auftritts, die als zentrale Ausgangsseite angezeigt wird. Der englische Begriff "Homepage" wird im weiteren Sinne auch als Begriff für einen kompletten Online-Auftritt verwendet und manchmal mit dem Begriff "Website" gleichgesetzt.

T

Theme: Design-Vorlage, die für das Aussehen und die Grundstruktur einer Website verantwortlich ist.

Traffic: Begriff für die gesammelte Anzahl der Internetbesucher, die eine Website besuchen (hoher/niedriger Traffic). Mit organischem Traffic bezeichnet man jenen Traffic, der nicht über bezahlte Suchergebnisse oder andere bezahlbare Kanäle auf eine Website gelangt.

U

URL (Uniform Resource Locator): Damit bezeichnet man die www-Adresse einer Website.

V

Verlinkung: Setzen von Links innerhalb eines Blog-Beitrags, Web-Artikels oder Webtexts. Interne Verlinkungen sind Links innerhalb der eigenen Website. Der Besucher eines Webportals klickt auf einen Link und wird auf eine andere Unterseite derselben Website weitergeleitet. Externe Verlinkungen sind Links auf fremde Websites.

W

Widget: Kleine, erweiternde Elemente, die dazu dienen, zusätzliche Informationen oder Links darzustellen. Widget finden sich auf einer Website meistens in der Sidebar oder im Footer-Bereich.

IMPRESSUM, DISCLAIMER & HINWEISE

Herausgeber und Verantwortliche für den Inhalt des Buches:

helene.moves • Supporting Healthy Businesses
Helene Roselstorfer

E-Mail:	helene@helenemoves.com
Website:	helenemoves.com

ow WebSolutions | WordPress Agentur für Websites & Onlineshops
Nathanael-Osirius Woggon
Esmarchstraße 67
24118 Kiel
Deutschland

Telefon:	+49 431 55695403
E-Mail:	natha@ow-websolutions.de
Website:	ow-websolutions.de

Kontakt bei Fragen zu diesem Buch und den Inhalten: wissen@osirius.de

Covergestaltung & Design:
Michelle Kutzner

Website:	shellygraphy.de

Layout & Formatierung (Print):
Nathanael-Osirius Woggon

Urheberrecht & Leistungsschutzrecht

Das Werk, einschließlich seiner Teile, ist urheberrechtlich geschützt. Auf die veröffentlichten Inhalte findet das deutsche Urheber- und Leistungsschutzrecht Anwendung. Jede Verwertung, Wiedergabe, elektronische oder sonstige Vervielfältigung, Übersetzung, Bearbeitung, Verbreitung, Speicherung, Verarbeitung oder öffentliche Zugänglichmachung jeglicher Art setzt die schriftliche Zustimmung der Autoren und Herausgeber voraus.

Haftungsausschluss

Dieses Buch und die genannten Information spiegeln die persönlichen Einschätzungen und Meinungen der Autoren wider. Es besteht kein Anspruch auf Garantie und Erfolg der im Buch genannten Daten, Vorgehensweisen und Möglichkeiten. Ebenso ist die Haftung der Verfasser bzw. Herausgeber für Personen-, Sach- und Vermögensschäden ausgeschlossen.

Es wird ausdrücklich darauf hingewiesen, dass im Text enthaltene externe Links von den Herausgebern nur bis zum Zeitpunkt der Buchveröffentlichung eingesehen werden konnten. Eine Haftung der Herausgeber für Links ist daher ausgeschlossen. Für die Verwendung der im Buch genannten Vorgehensweisen und Möglichkeiten (z.B. Plugins, Tools, Hosting...) können gegebenenfalls zusätzliche Kosten anfallen, die nicht im Preis dieses Buches enthalten sind. Es gibt in diesem Buch keinerlei Affiliate Links.

9 798714 293887